北 京 市 一 流 专 业 建 设 系 列 成 果

APPLICATIONS OF
STOCHASTIC OPTIMAL CONTROL THEORY IN
FINANCIAL MARKETS

随机最优控制理论
在金融市场中的应用

李亚男 ◎ 著

本书受"委托代理制度下实体经济项目的
最优投资策略研究（批准号：11901404）"项目资助

中国金融出版社

责任编辑：王效端　张菊香

责任校对：李俊英

责任印制：陈晓川

图书在版编目（CIP）数据

随机最优控制理论在金融市场中的应用/李亚男著 . —北京：中国金融出
版社，2019.9

ISBN 978 - 7 - 5220 - 0078 - 7

Ⅰ.①随… Ⅱ.①李… Ⅲ.①随机优化—随机控制—应用—金融市场—
研究 Ⅳ.①F830.9 - 39

中国版本图书馆 CIP 数据核字（2019）第 075979 号

随机最优控制理论在金融市场中的应用

Suiji Zuiyou Kongzhi Lilun zai Jinrong Shichangzhong de Yingyong

出版
发行　**中国金融出版社**

社址　北京市丰台区益泽路 2 号

市场开发部　（010）63266347，63805472，63439533（传真）

网 上 书 店　http：//www.chinafph.com

　　　　　　（010）63286832，63365686（传真）

读者服务部　（010）66070833，62568380

邮编　100071

经销　新华书店

印刷　保利达印务有限公司

尺寸　169 毫米 × 239 毫米

印张　4.5

字数　70 千

版次　2019 年 9 月第 1 版

印次　2019 年 9 月第 1 次印刷

定价　22.00 元

ISBN 978 - 7 - 5220 - 0078 - 7

如出现印装错误本社负责调换　联系电话(010)63263947

编辑部邮箱：jiaocaiyibu@126.com

序　言

　　波澜壮阔的改革开放改变了中国，也影响了世界。在四十年改革开放的伟大历程中，金融作为实体经济的血脉，实现了从大一统的计划金融体制到现代金融体系的"凤凰涅槃"。我国也初步建成了与国际先进标准接轨、与我国经济社会实际契合的中国特色社会主义金融发展路径。

　　经过四十年努力，我们不断改革完善金融服务实体经济的理论体系和实践路径：持续优化完善传统信贷市场，为服务实体企业改革发展持续注入金融活水；建立健全以股票、债券等金融工具为代表的资本市场，畅通实体企业直接融资渠道，增强其可持续发展能力；推动低效产能有序退出市场、临时困难但前景良好的企业平稳度过难关、优质企业科学稳健发展，鼎力支撑我国企业从无到有、从小到大、从弱到强，逐步从低端加工制造向高附加值迈进。

　　经过四十年努力，我们基本构建了以人民为中心的居民家庭金融服务模式。不仅借鉴西方现代金融实践，支持家庭部门熨平收入波动，实现跨期消费效用最大化，而且充分利用我国银行业分支机构延伸到乡镇、互联网全面覆盖到村落等良好基础设施，逐步实现基础金融服务不出村，促使我国普惠金融走在了世界前列。同时，积极构建与精准扶贫相配套的金融服务体系，发挥金融在扶贫攻坚中优化资源配置的杠杆作用，为人民实现美好生活提供金融动力。

　　经过四十年努力，我们探索了通过促进国民经济循环流转大局增强金融和财政合力的有效方式。在改革开放过程中，我们不断优化财政支持与金融服务的配套机制，运用金融工具缓解财政资金使用碎片化问题和解决财政资金跨期配置问题，增进财政政策促进经济结构调整和金融政策促进经济总量优化的协调性，持续提升国民经济宏观调控能力和水平，既避免金融抑制阻碍发展，又防止过度金融风险集聚。

2008 年，美国次贷危机引发的国际金融危机引发了人们对金融理论和金融实践的深刻反思。金融理论是否滞后于金融实践，缺乏对金融实践有效的指引？金融实践是否已过度复杂化，致使金融风险难以识别、度量和分散？近年来，随着互联网、大数据、人工智能、区块链等技术的出现，科技发展在极大提高金融业服务之效的同时，也对传统金融业带来了冲击。金融业态正在发生重大变化，金融风险出现新的特征。在新的背景下，如何处理金融改革、发展、创新与风险监管的关系，如何守住不发生系统性金融风险的底线，已经成为世界性重大课题。在以习近平同志为核心的党中央坚强领导下，我国进入中国特色社会主义新时代。在这个伟大的时代，对上述方面进行理论创新和实践探索的任务非常艰巨，使命非常光荣。为完成这一伟大历史使命，需要建设好一流金融学科和金融专业，大规模培养高素质金融人才，形成能力素质和知识结构与时代要求相匹配的金融人才队伍。北京正在建设"全国政治中心、文化中心、国际交往中心、科技创新中心"，加强金融学科建设和金融人才培养正当其时。

欣闻首都经济贸易大学金融学成功入选北京市一流专业，正在组织出版"北京市一流专业建设系列成果"，这在打造高素质金融人才培养基地上迈出了重要步伐，将对我国金融学科和金融专业的建设起到积极的推动作用，为促进我国金融高质量发展并建成现代金融体系做出应有贡献，为实现伟大复兴中国梦提供有益助力。

尚福林

前　言

　　金融在现代经济中占据核心地位，是调节宏观经济的重要杠杆，是沟通整个社会经济生活的命脉和媒介。金融业的发展不仅直接影响着经济的发展，而且在非常大的程度上关系着社会生产力的进步和人民生活水平的提高。随着全球经济的发展，金融业的发达与否成为一个国家能否屹立于世界的关键因素。一个国家金融业的稳定健康发展成为国家富强、人民安康的重要保证。所以，我国正积极促进金融业健康有序地发展，以实现社会主义和谐社会的构建。

　　然而，从国际上看，现今我国金融业的发展水平依然比较低，在行业规模、竞争能力、创新能力、市场开拓等方面和国际先进水平存在一定的差距。具体而言，我国金融市场面临如下问题：

　　1. 内部行业结构和区域发展结构不协调。我国金融服务业以银行业居绝对主导地位，证券业、保险业、信托业的比重相对较低。农村金融服务业的发展相对缓慢，不能满足农村经济发展和农民生活需要。

　　2. 国内金融机构的业务创新能力不强，由于国外金融工具种类繁多，能够为客户提供全方位的金融服务，外资金融机构在全球范围内的行业竞争上具有一定优势。

　　3. 国内相当多的金融机构规模太小，缺乏竞争力和抗风险能力，不能产生综合化经营模式。

　　第一个问题实际是一种资源配置不合理的问题。第二个问题是由于我国金融产品创新技术差产生的，涉及金融产品设计。第三个问题可在一定程度上通过公司并购解决。由于金融市场中不确定性的庞杂和金融主体的逐利性，这些问题如果不能及时解决，势必会大大影响我国经济的发展。现今已存在很多技术工具用于研究金融市场的此类问题，随机最优控制理论就是其中有效的工具之一。本书试图利用随机最优控制理论，尝试解决我国金融市场面临的这些问题。

目　　录

第一章

背景介绍

1.1.1 随机最优控制理论

不确定性普遍存在于现实世界中，它有许多缺点，但是在人类的努力下，这些不确定性又往往变为优点。如何根据已知信息作出最优策略，使不确定性变为有利因素，关系到社会的进步、人类的发展，也关系到每个人生活质量的提高，这类问题即最优化问题。最简单的最优化问题是静态最优化问题（考虑某个时刻的最优策略，包括带限制条件的和不带限制条件的该类问题），这种问题一般用函数求极值的方法或拉格朗日乘子法得到最优策略。稍为复杂的此类问题是在多期情况下寻找最优策略（离散时间最优化问题），更为复杂的此类问题考虑了连续时间情形下最优策略的选取问题。此时的最优化问题不是单单通过求极值或拉格朗日乘子法就能解决的，它需要更为复杂的数学工具。这个时候研究的系统是动态的，相关的决策（控制）是基于决策者可获得的最新信息得到的，其必然也是动态的。因此，就必须要引入随机过程来描述策略，风险过程、收益过程等。决策者必须在所有可能的决策中作出最佳决策，以达到最佳预期结果，这种优化问题就是随机最优控制问题。随机最优控制问题的范围涵盖各种物理、生物、经济和管理系统，这类问题一般通过随机最优控制理论解决。

随机分析是随机最优控制理论的基础。随机分析给出了动态规划原理、Ito 公式、Girsnov 定理、鞅表示定理等，为随机最优化问题的解决奠定了坚实的理论基础。随机最优控制理论中一般采用两种经典方法解决最优控制问题：一种方法是寻找问题相应的随机微分方程（HJB 方程）并解方程找到值函数，另外一种方法是凸对偶鞅方法。动态规划原理首先由 Bellman 在文献〔1〕中提出。动态规划原理和 Ito 公式可以解决一般的最优分红再保险、最优投资消费或最优转换最优停止问题。我们首先利用动态规划原理和 Ito 公式得到一个非线性随机微分方程，称为 HJB 方程，当值函数足够光滑且满足一定的增长条件时，利用验证定理，我们可以得到此方程的解就是值函数并得到相应的最优策略。黏性解的引入大大放宽了验证定理的条件，只要要求值函数局部有界就可以得到相应 HJB 方程的解就是值函数。一系列的论文应用动态规划原理和 HJB 方程解决最优控制问题，如文献〔2〕-〔3〕。另外，我们还可以利用倒向随机微分方程（关于倒向随机微分方程的相关知识可参考文献〔4〕-〔5〕）表示最大值原理，这个原理是判断策略是否最优的充分条件。

另一种经典方法是凸对偶鞅方法。它是在随机分析、凸分析和最优化经典方法的基础上发展起来的。作为另外一种有用的方法，它被广泛用在寿险领域（最大化效应函数、平方套期保值等）。完全市场上的最大化期望效应函数问题可以参考文献〔6〕-〔7〕，不完全市场上的相关问题可以参考文献〔8〕。平方套期保值原则由文献〔9〕提出，可以参考文献〔10〕-〔11〕做更深入的研究。关于凸对偶鞅方法的详细研究可以参考文献〔12〕。

近年来，大 G 期望下的随机最优控制问题，行为金融学、分数布朗运动模型下的随机最优控制问题，随机最优控制理论在寿险中的应用等问题成为最优控制领域的热门研究话题。现实生活中很多随机事件的分布是不确定的，这种不确定性是不能忽略的。为了研究这些随机事件，大 G 期望应运而生。大 G 期望是一种重要的非线性期望，这种期望与经典的期望相比更具现实意义，它可以解释许多经典概率论中不能解释的现象。虽然大 G 期望不满足经典期望的线性，但是它具有次线性，而这种次线性是解决很多问题的强大工具。对应于经典的概率论，在大 G 期望空间中也有自己的乘积空间、独立性、布朗运动、Ito 积分、鞅等的定义，也存在自己的大数定律、中心极限定理、随机微分方程等，是一套完整的体系。行为金融学是近三十年来西方金融经济学研究的主要方向之一，其研究始于 20 世纪 80 年代，大部分成果在 20 世纪 90 年代取得。它以有界理性为基础，取代了理性假设基础上的传统金融经济学，是传统金融经济学革命性的发展。它认为人类的理性是有限的，人们在认识和判断上会出现系统性偏差，因此，人们的决策也不是最优的。经济学家还用它解释了金融市场上的大量异常现象。2002 年诺贝尔经济学奖授予美国心理学家和经济学家丹尼尔，标志着行为金融学成为未来金融经济学研究的主流。行为金融学的核心理论是展望理论，展望理论的三大支柱决定了决策者的期望效用是 S 形的，也决定了其对于损失（或盈利）的主观分布函数是扭曲的，因此，研究概率扭曲成为重点和难点。注意到概率扭曲的出现使得条件期望原理不再适用，因此，经典的方法不能解决此类问题，一些新方法应运而生。布朗运动是一种满足平稳独立增量性的随机过程，它具有连续时间参数和连续状态空间，是一种特殊的马尔科夫过程。现今，布朗运动与复合松过程在理论与应用上成为两种最基本的随机过程。然而大部分随机现象不是有序的、线性的、稳定的，而是混沌的、非线性的、非稳定的，在股票市场的价格波动、心率及脑波的波动、电子元器件中的噪声、自然地貌等大量的自然现象和社会现象中存在着一类近乎全随机的现象，它们具有自相似性、长时相关性和继承性，被称为 $\frac{1}{f}$ 族随机过程。

Benoit Mandelbrot 和 Van Ness 提出的分数布朗运动模型就是使用最广泛的一种，它具有自相似性、非平稳性两个重要性质，是许多自然现象和社会现象的内在性质。但由于分数布朗运动不具备马氏性，经典的随机最优控制理论方法不能解决相关问题，所以只有一些文章理论上研究了分数布朗运动，很少的文章在分数布朗运动模型下解决具体的金融保险问题。随着分型资本市场的提出，对分数布朗运动的研究显得越来越重要。随着我国人口老龄化加剧，人们生活水平的提高和保险意识的加强，寿险蓬勃发展，成为现今保险公司最主要的业务。不同于财险业务，寿险中保费的制定、年金的选取、风险的管控需要借助生命表并和保险人的健康状况息息相关。寿险的索赔额相比财产险而言更加明晰，对它的研究很有必要。经典的随机最优控制问题大多数是在连续时间马氏过程模型下考虑的，而以上热门话题有很多所涉及的过程不是马氏过程，因此，这些问题都不能用上述提到的经典方法解决。

1.1.2 委托代理冲突下的最优投资问题

委托代理理论是 19 世纪 60 年代末 70 年代初一些经济学家不满阿罗—德布鲁体系中的企业"黑箱理论"而深入研究企业内部信息不对称和激励问题发展起来的，是解决委托代理冲突问题的理论依据。它有着两种明显不同的研究方法：一种被称为实证手法，即凭借直觉，侧重于分析签订契约和控制社会因素，其开创者为 Alchian、Demsetz、Jensen 和 Mecking 等；另一种被称为规范手法，又叫"委托人—代理人理论"，其特点是使用正式的数学模型，通过阐明各种模型所需的准确的信息假定，来探讨委托人和代理人之间的激励机制和风险分配机制。对委托代理问题数学模型的建立始于文献 [13] - [14]，Holmstrom 等人在此基础模型上又进一步发展，用著名的"一阶化"方法建立了标准的委托人—代理人模型（见文献 [15]），自此，一系列文献致力于此问题的研究。虽然连续时间情形下的该问题很早就有人研究，但由于动态博弈的复杂多变，早期的大多数经典文献一般在离散时间情形下考虑问题（见综述性文献 [16]）。连续时间委托代理问题最早在文献 [17] 中提出，自克拉克奖得主 YuliySannik-ov 运用随机积分方法改进了研究动态博弈问题的工具后，连续时间情形下该问题的研究获得了长足的发展。代表性文献有文献 [18] - [19] 等。委托代理冲突下最优投资策略选择问题的研究起步很早，比较有代表性的有文献 [20] - [21] 等。文献 [20] 在使代理人付出努力和不隐瞒项目收益的限制条件下寻找到投资者的最优投资时刻和激励机制。文献 [22] 利用实物期权法分析了激励机制和审计监督共存时企业的最优投资策略。文献 [23] 研究了委托代理冲突的存在对企业财务政策的影响。文献 [21] 引入了二阶倒向随机微分方程，解决了一个有限时间内的委托代理冲突问题。

最优投资策略的选取包括最优投资时刻的选取和最优投资组合的选择，即资本分配决策和投资时机决策，是制定企业投资策略时公司财务的一个重要研究课题。有关投资组合方面的文章有很多，对这个领域的研究也已经十分成熟了。文献［24］分别以最小化破产概率和最大化期望终端效应为目标，研究了企业的最优投资策略选取问题。文献［2］研究了带限制条件的最优投资和再保险问题，文献［25］在更新过程模型下研究了公司的最优投资组合问题。最新的相关文献考虑到了系统模型的不确定性，用鲁棒随机控制方法解决了一些最优投资问题，如文献［26］－［29］等。最优投资时刻的选取问题类似于期权定价问题，一般都是通过实物期权方法解决。在实物期权方法中，投资于某项项目的机会类似于投资于此项目的美式看涨期权，所以投资时机的选择问题相当于看涨期权行权时机的选择问题。最早的关于期权定价的文献可见［30］－［31］等，文献［32］考虑了波动率随机情形下的相关问题，文献［33］考虑了标的资产的价值为半鞅时的期权定价问题，文献［34］研究了双重体制转换模型下的期权定价值问题，文献［35］在跳扩散模型下研究了该问题。

然而，无论是投资组合的选取还是投资时刻的确定，以上文献都没有考虑代理冲突的存在对实际投资问题的影响。在大多数企业中，由于代理人拥有特殊的技能和专门知识，股东会将投资决策委托给代理人，这种分离设置有可能导致信息不对称和代理冲突问题。这种冲突体现在两方面：一方面，代理人要比股东更了解企业的现金流，因此，收益的一部分有可能被代理人私吞；另一方面，股东不能观测到代理人的努力程度，因此，代理人有可能偷懒使投资项目的收益降低。在项目执行过程中，如果缺乏相应的激励机制，代理人就会掺杂一己之利的考量，出现损害企业利益的经营行为。代理问题是社会科学界持续深入研究的一个关键热点问题，是企业财务管理目标深层次的问题，代理冲突下代理人激励机制的制定一直是企业管理中一个迫切需要解决的问题。

近年来，一些文献已经致力于这个领域的研究，如文献［5］、文献［36］。文献［37］设计了合适的工资策略和投资时刻，引导代理人付出最大努力并在此前提下最大化公司的折现收益，其结论可以有效地指导企业的经营管理，为解决代理冲突的相关问题作出了很大贡献。然而，这些文献都是在离散时间模型下考虑的，一般假设最后的效益服从两点分布，代理人的努力程度也是离散型分布。事实上，首先，努力程度连续取值更符合实际的代理人行为；其次，这些文章一般都设计一个诱导代理人实行最大努力程度的工资策略，而这种策略对双方来说不一定是最优的，理论上讲，双方之间非合作博弈出的策略反而更优。本书第二章和第三章都是在努力程度连续取值和双方博弈的基础上考虑的。第二章考虑了一类委托代理冲突下的最优投资时刻的选取问题，分别给出了代理人的最优投资时刻、努力程度和股东的最优工资策略。第三章考虑了一类委托代理冲突下的最优投资组合选取问题，也给出了相应代理人和股东各自纳什均衡博弈后的最优策略。

1.1.3 存在泊松参数相依性情形下的保险公司合并问题

公司合并是指两个或两个以上的公司依照公司法规定的条件和程序，通过订立合并协议，共同组成一个公司的法律行为。公司合并时，合并各方的债权、债务，应当由合并后存续的公司或者新设的公司承继。公司合并不同于公司资产的收购，也不同于公司股权收购，从法律性质上看，公司合并的本质是公司人格的合并，而从本质上讲，股权收购和资产收购都是买卖行为。

由于同行业双方（横向）并购可以增强经济实力，实现多元化经营，分散经营风险，优化资源配置，降低各种费用，节约税收等（参见文献［38］），公司合并问题受到了越来越多人的关注。自美国司法部颁布了横向并购指南以来，公司合并的规则不断完善。我国金融市场中的公司合并问题由来已久，由于我国的金融主体一般规模比较小，数量多，这导致各公司都存在资源配置不合理、风险分散性差等问题，从而增加了保险公司的经营风险。为了增加竞争力，抵御外资保险公司的冲击，进行公司兼并势在必行。近年来，也有很多文献研究此类问题，文献［39］告诉我们，两公司并购一般不通过现金支付实现而是通过股权交换实现。文献［38］给出公司合并的优势。文献［40］是比较早研究定量公司合并问题的，文献以最大化两个保险公司的期望折现价值之和为目标定量讨论了两个公司是否该合并的问题，并在一种特殊情况下得到了两个公司希望合并的结论。文献［41］在文献［40］的研究基础上以最大化两个保险公司的期望折现价值之和为目标找到了一般情形下两个公司的最优合并时刻。文献［42］分别给出了以最大化保险公司的期望折现分红和最小化公司的破产概率为目标时的最优合并时刻。相较之前的模型，计划合并的两个保险公司存在泊松参数相依性的风险过程下的模型更能阐明两公司的内在联系，体现风险相依性对公司合并策略的影响。本书在第四章中给出这类模型下保险公司的合并策略和再保险策略。该问题的解决，对研究和指导保险公司的合并有一定现实意义和参考价值。

1.1.4 车险费改下的产品定价问题

车险作为重要的财产保险产品之一，一直以来都是我国银保监会重点关注的对象。由于奖惩系统对优化交通环境、改善交通秩序以及规范车主的驾车行为、形成其良好的驾驶习惯具有积极的促进作用，车险费率一般在奖惩系统下厘定。早在 2003 年，中国已经正式开启了第一次车险费率市场化改革。但是因为市场发育尚不成熟，保险企业沉迷于低价恶性竞争，扰乱了市场正常秩序，我国于 2006 年就不得已放缓了汽车保险费率市场化改革的步伐，但这仅仅持续了短暂的三年。随着我国车险市场的逐渐成熟，监管制度的不断完善和车险费率厘定的更加科学精算化，车险改革又再次被提上了日程。2015 年，保监会宣布了第一次正式商业车辆保险的费率改革方案，而仅经过短短两年，保监会于 2017 年再次进行了第二次商车费改。2017 年 6 月、7 月，中国保监会先后正式发布了《关于商业车险费率调整及管理等有关问题的通知》《关于整治机动车辆保险市场乱象的通知》，第二次商车费改正式启动。这一轮改革进一步扩大了保险公司的独立定价权，通过降低商业车险费率浮动系数的下限，采用市场化手段降低商业车险费率，实现精准定价，使车险市场普遍存在的低费用、低价格的恶性竞争转变为以服务为核心的良性竞争，从而实现了保险业的可持续发展。在经历第二次商车费改之后，商业车险正式引入了和交通违法系数相关的奖惩系统。由于商车费改不久，对新系统下奖惩系数和交通违法系数的确定还没有一个理论上可行的原则，本书第五章在新车险定价系统中利用概率转移矩阵等工具分别给出各级别的无赔款优待系数和交通违法系数，并利用最小二乘法调整了理论系数，给出符合实际情况的系数。最后，通过比较不同假设前提下的无赔款优待系数，提出了改进商业车险奖惩系统的相关建议，以促进车险市场长久健康地发展。

第二章

委托代理冲突下企业的最优投资时刻、激励机制和代理人的最优努力程度策略研究

第一节　引言

　　制定企业投资策略是公司财务的一个重要研究课题。投资策略的制定涉及投资组合的选取和投资时刻的确定两方面内容，即资本分配决策和投资时机决策。有关投资组合方面的文章有很多，对这个领域的研究也已经十分成熟了。最优投资时刻的选取问题类似于期权定价问题，一般都是通过实物期权方法解决。然而，在对投资时刻的寻找过程中，前人一般很少考虑代理冲突的存在对实际投资问题的影响，而委托代理冲突问题存在于金融市场的方方面面，委托代理关系的存在会带来一系列问题，如操作的无效率性、道德风险等问题。对委托代理冲突下此类问题的研究十分迫切和必要。

　　代理冲突下代理人激励机制的制定一直是企业管理中一个迫切需要解决的问题。近年来，一些文献已经致力于这个领域的研究，如文献［5］、文献［36］。文献［37］设计了合适的工资策略和投资时刻，引导代理人付出最大努力并在此前提下最大化公司的折现收益，其结论可以有效地指导企业的经营管理，为解决代理冲突的相关问题作出了很大贡献。然而，文献［37］假设代理人的努力程度只有两种可能：努力或不努力并规定工资策略必须使代理人足够努力。首先，努力程度连续取值更符合实际的代理人行为；其次，文献中的限制条件一方面缩小了公司的可选策略范围，另一方面限制了代理人的行为，通常只能得到次优的结果。因此，基于以上分析，我们在文献［37］的基础上做如下改变：

- 努力程度取值于一个区间 $[0,\overline{n}]$。
- 股东不拘泥于必须使代理人付出最大努力，因此代理人可以自由选择努力程度。

明显地，本章研究的问题变成一个带限制条件（代理者不能私吞收益）的博弈问题（股东和代理者根据对方的策略选择自己的最优策略）。这个模型得出的策略对股东和代理人都更有利。

本章的结构如下：第二节建立了委托代理冲突下的投资模型；第三节回顾了无代理冲突情况下的最优投资时刻选取问题；第四节给出了项目的第二部分价值为两点分布时股东和代理人的博弈策略并给出双方的值函数；第五节在第二部分价值为连续型分布的情况下解决了本章的博弈问题并给出双方的最优策略和值函数。

第二节　模型

一切在概率空间 $(\Omega,\mathscr{F},P)$ 上考虑。已知企业拥有对某项目的投资选择权，由于技术和能力的限制，股东们将雇用代理人负责该项目的管理工作，并根据所得收益给付代理人工资。已知项目价值由两部分构成，一部分和投资时刻相关，是股东可观察到的，记为 $P(t)$，满足

$$dP(t) = \mu P(t)dt + \sigma^2 P(t)dB(t)$$

这里 μ 为漂移系数，σ 是波动系数，$B(t)$ 是 $(\Omega,\mathscr{F},P)$ 上的布朗运动。另一部分收益股东观察不到而只有代理人能观察到，用 $(\Omega,\mathscr{F},P)$ 上的随机变量 Θ

表示。此随机变量的分布和代理人的努力程度相关。假设投资成本为 K，则若 t 时刻投资，所得收益为 $P(t) + \Theta - K$。

假设零时刻代理人付出努力 n 并立即观察到收益 $\Theta = \theta$，此时股东需要制定合适的投资策略和工资策略使代理人上报收益 θ 而不造假。因此，股东要根据 θ 决定带激励机制的最优投资时刻 $\tau^*(\theta)$ 和最优工资策略 $w^*(\theta)$。很明显，代理人的努力程度直接影响了第二部分收益，进而影响了股东的投资策略和工资策略，而股东的策略反过来又影响着代理人的收益，进而影响代理人的努力程度。假设股东和代理人都能推断出对方的最优策略，则此问题就是一个典型的寻找纳什均衡的博弈问题。

记折现率为 r，方便起见，假设 $r > \mu$。股东需要选择合适的工资策略和最优的投资时刻来最大化其项目收益，其值函数为

$$W_o(P_0) = \sup_{\tau, w} E[e^{-r\tau(\Theta)}(P(\tau(\Theta)) + \Theta - K - w(\Theta))|P(0) = P_0]$$

代理人要选择合适的努力程度最大化其折现工资，其值函数为

$$W_m(P_0) = \sup_n E[e^{-r\tau^*((\Theta))}w^*((\Theta))] - n$$

第三节　预备知识（无代理冲突的情形）

由于无代理冲突情形下的最优投资时刻选取问题是加入代理冲突后这类问题的研究基础，因此，首先应回顾无代理冲突时公司的最优投资时刻选取问题。

此时，不存在代理人且项目收益都可被股东观察到。假设零时刻股东观察到 $\Theta = \theta, P$ 为项目初始价值，K 为投资于该项目的费用。股东的目标为选择最优的时刻最大化 $E[e^{-r\tau}(P(\tau) + \theta - K]$。记值函数为 $W(P; \theta)$，则

$$W(P; \theta) = \sup_{\tau} E[e^{-r\tau}(P(\tau) + \theta - K)]$$

由最优停止理论（参见文献［43］）可知，存在投资门槛，当投资价值 $P(t)$ 到达投资门槛时进行投资是最优的。明显地，投资门槛是 θ 的函数。记投资门槛为 $P^*(\theta)$，由最优停止理论可知，$W(P; \theta)$ 满足：

$$\frac{\sigma^2}{2}W''(P; \theta) + \mu W'(P; \theta) - rW(P; \theta) = 0, \ P \leqslant P^*(\theta)$$

$$W(P;\theta) = P + \theta - K, \quad P > P^*(\theta)$$

且满足边界条件：

$$W(0) = 0, \quad W'(P^*(\theta);\theta) = 1, \quad W(P^*(\theta)-;\theta) = P^*(\theta) + \theta - K$$

解得：

$$W(P;\theta) = D(P;P^*(\theta))(P^*(\theta) + \theta - K), \quad P^*(\theta) = \frac{\beta}{\beta - 1}(K - \theta)$$

其中

$$D(P;P^*(\theta)) = (\frac{P}{P^*(\theta)})^{\beta}$$

$$\beta = \frac{1}{\sigma^2}\left[-(\mu - \frac{\sigma^2}{2}) + \sqrt{(\mu - \frac{\sigma^2}{2})^2 + 2r\sigma^2}\right] \tag{2.1}$$

明显地，$D(P;P^*(\theta))$ 是 $P(t)$ 从 P 变到 $P^*(\theta)$ 时的期望折现时间。由 $\mu < r$ 可知，$\beta > 1$。

第四节　Θ 是两点分布时股东和代理人的策略选择问题

这一节将分析加入代理冲突且 θ 是两点分布时股东和代理人的策略选择问题。

2.4.1 最优策略和值函数

假设 Θ 服从两点分布，取值 θ_1 或 θ_2 且 $\theta_1 > \theta_2$。代理人初始时刻付出努力 $n, n \in [0, \overline{n}]$。由于 Θ 的分布与 n 有关，不妨设 $P(\theta = \theta_1) = q(\xi)$。由边际效益递减原理可知，$q(\xi)$ 应是 ξ 的单增凹函数。不失一般性，本章假设 $q(\xi)$ 连续可导且 $q(0) = 0$，$q'(0) = \infty$。

整个博弈过程如下：代理人在零时刻决定自己的努力程度 n 并观测到 θ，代理人将 θ 的信息呈报给股东，当呈报的 θ 的值为 θ_1 时，股东令代理人在项目价值为 P_1 时投资，并在投资时刻给代理人工资 w_1；当呈报的 θ 的值为 θ_2 时，股东令代理人在项目价值为 P_2 时投资，并在投资时刻给代理人工资 w_2。

委托代理关系的存在使得股东不知道 θ 的信息，因此，代理人有动机隐瞒

项目真实的收益 θ 而从中牟利。为了杜绝这种隐瞒行为，股东制定的工资策略应使代理人的隐瞒行为得不到任何好处，即工资策略应使代理人隐瞒真实水平时的折现工资小于真实情形下应得的折现工资，我们有

- 当真实的 θ 是 θ_1 时，应有

$$w_1 D(P;P_1) \geq (w_2 + \Delta\theta)D(P;P_2)$$

- 当真实的 θ 是 θ_2 时，应有

$$w_2 D(P;P_2) \geq (w_1 - \Delta\theta)D(P;P_1)$$

另一方面，为使代理人接受他的工作，其工资收入应非负，即 $w_i \geq 0$，$i = 1,2$。按照如上分析，可如下定义可允许策略。

若策略 $\pi = \{P_1, P_2, w_1, w_2\}$ 满足

- $w_1 D(P;P_1) \geq (w_2 + \Delta\theta)D(P;P_2)$,
- $w_2 D(P;P_2) \geq (w_1 - \Delta\theta)D(P;P_1)$
- $w_2 \geq 0$

则称此策略是可允许的，记所有可允许策略组成的集合为 $\prod$。

注2.1 由于

$$w_1 D(P;P_1) \geq (w_2 + \Delta\theta)D(P;P_2)$$

可知 $w_1 \geq 0$，因此，可允许策略必满足 $w_1 \geq 0$。

站在股东角度，代理人的努力程度是外生变量，可看成参数。股东需要从可允许策略集中选取合适的工资策略和最优的投资时刻来最大化其项目收益。记

$$J(P_0, P_1, P_2, w_1, w_2) = q(n)D(P_0, P_1)(P_1 + \theta_1 - K - w_1)$$
$$+ (1 - q(n))D(P_0, P_2)(P_2 + \theta_2 - K - w_2)$$

其中 P_0 为项目初始价值。定义值函数

$$W_0(P_0) = \sup_{(P_1, P_2, w_1, w_2) \in \Pi} J(P_0, P_1, P_2, w_1, w_2)$$

记最优策略为 $\pi^* = (P_1^*, P_2^*, w_1^*, w_2^*)$

这是一个带限制条件的最优化问题，由拉格朗日乘子法可知拉格朗日算子为：

$$\mathscr{L} = q(n)D(P_0,P_1)(P_1 + \theta_1 - K - w_1) + (1 - q(n))D(P_0,P_2)(P_2 + \theta_2 - K - w_2)$$
$$+ \lambda_1(w_1 D(P_0;P_1) - (w_2 + \Delta\theta)D(P_0;P_2)) + \lambda_2 w_2 + \lambda_3(w_2 D(P_0;P_2)$$
$$- (w_1 - \Delta\theta)D(P_0;P_1))$$

其中，$\lambda_i \geqslant 0$，$i = 1,2,3$。由 w_1 的一阶偏导条件知

$$\lambda_1 - \lambda_3 = q(n) \tag{2.2}$$

由 w_2 的一阶偏导条件知

$$\lambda_2 = D(P_0, P_2^*) \tag{2.3}$$

由 P_1 的一阶偏导条件知

$$P_1^* = \frac{\beta}{\beta - 1}(K - \theta_1) \tag{2.4}$$

由 P_2 的一阶偏导条件知

$$P_2^* = \frac{\beta}{\beta - 1}(K - \theta_2 + \frac{q(n)}{1 - q(n)}\Delta\theta) \tag{2.5}$$

引理 2.2　$w_2^* = 0$

证明. 由式（2.2）可知

$$\lambda_2 = D(P_0, P_2^*) > 0$$

因此，由 λ_2 的一阶偏导条件知必有 $w_2^* = 0$。

引理 2.3　$w_1^* = D(P_1^*, P_2^*)\Delta\theta$。

证明. 由式（2.2）知，$\lambda_1 > 0$，由 λ_1 的一阶偏导条件知必有

$$w_1^* = D(P_1^*, P_2^*)\Delta\theta < \Delta\theta$$

明显地，此时

$$(w_1^* - \Delta\theta)D(P_0;P_1^*) < 0 = w_2^* D(P_0;P_2^*)$$

所以引理 2.2 和引理 2.3 给出的最优工资策略是可允许的。

定义

$$P^*(\theta) = \frac{\beta}{\beta - 1}(K - \theta)$$

由引理 2.2、引理 2.3、式（2.4）、式（2.5）可得定理 2.4。

定理 2.4　当代理人的努力程度 n 给定时，股东的最优策略为

$$P_1^* = P^*(\theta_1)$$

$$P_2^* = P^*(\theta_2 - \frac{q(n)\Delta\theta}{1-q(n)})$$

$$w_1^* = D(P_1^*, P_2^*)\Delta\theta, \ w_2^* = 0$$

一般地，假设代理人能推断出股东会采取如上所述的投资策略和工资策略。对于代理人来说，投资策略和工资水平是努力程度的某确定函数，因此，合理地选择努力程度可以间接决定其折现工资，进而最大化其净折现收益。因此，代理人的值函数为

$$W_m(P_0) = \sup_n q(n)D(P_0, P_1^*)w_1^* - n = \sup_n q(n)D(P_0, P^*(\theta_2 - \frac{q(n)\Delta\theta}{1-q(n)}))\Delta\theta - n$$

令

$$f(n) = q(n)D(P_0, P^*(\theta_2 - \frac{q(n)\Delta\theta}{1-q(n)}))\Delta\theta - n$$

由于

$$\frac{\partial D(P_0, P^*(\theta_2 - \frac{q(n)\Delta\theta}{1-q(n)}))}{\partial n} = -\frac{D(P_0, P^*(\theta_2 - \frac{q(n)\Delta\theta}{1-q(n)}))\beta^2 q'(n)\Delta\theta}{P^*(\theta_2 - \frac{q(n)\Delta\theta}{1-q(n)})(\beta-1)(1-q(n))^2}$$

可得

$$f'(n) = q'(n)D(P_0, P^*(\theta_2 - \frac{q(n)\Delta\theta}{1-q(n)}))\Delta\theta\Big[1 - \frac{\beta^2 q(n)\Delta\theta}{P^*(\theta_2 - \frac{q(n)\Delta\theta}{1-q(n)})(\beta-1)(1-q(n))^2}\Big] - 1$$

由于 $q'(0) = \infty$，可得

$$q'(0)D(P_0, P^*(\theta_2))\Delta\theta\Big[1 - \frac{\beta^2 q(0)\Delta\theta}{P^*(\theta_2)(\beta-1)(1-q(0))^2}\Big] > 1$$

因此，最大值点 $n^* \in (0, \overline{n}]$。

注2.5 事实上，只要 $q'(0)$ 足够大，上述推断过程就可以实现。由于股东的最优策略由代理人的努力程度决定，因此，股东的策略可随即得到。

2.4.2 实证分析

本节将利用 $f(n)$ 的图像分析 K，θ_1，θ_2，β，P_0 是如何影响最优努力程度的。由于最常见的满足 $q'(0) = \infty$，$q(0) = 0$ 的函数是幂函数

$$q(n) = kn^{\alpha}, \ \alpha < 1$$

本节即以此类函数为例，分析各因素对最优努力程度的影响。

首先，让我们考虑 $q(n)$ 中的系数 k 对最优努力程度的影响。

如图 2.1 所示，当 $q(n) = 3n^{0.5}$ 时 $f(n)$ 如实线所示，最优策略在 0.0035 附近达到；当 $q(n) = 2.5n^{0.5}$ 时 $f(n)$ 如虚线所示，最优策略在 0.003 附近达到。明显地，k 越大，越应该努力。这很好理解，k 越大，努力产生的效果就越明显，所以最优努力程度随 k 增大而变大。

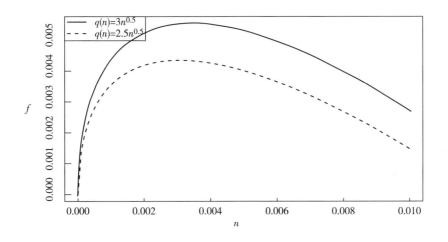

图 2.1　$P_0 = 1$，$K = 3$，$\theta_1 = 2$，$\theta_2 = 1$，$\beta = 2$ 时 k 对 n^* 的影响

接下来，我们考虑 $q(n)$ 中的参数 α 对最优努力程度的影响。

如图 2.2 所示，当 $q(n) = 4n^{0.35}$ 时 $f(n)$ 如实线所示，最优策略在 0.0012 附近达到；当 $q(n) = 4n^{0.4}$ 时 $f(n)$ 如虚线所示，最优策略在 0.0018 附近达到。明显地，α 越大，最优策略越大。且 α 越大，图像上升（或下降）得越缓和。

图 2.3 显示了投资成本 K 对最优努力程度的影响。图 2.3 表明，投资成本越大最优努力程度就越小。这是因为投资成本的提高会使最优投资门槛相应提高，从而推迟投资时刻。投资时刻的推迟会使代理人的折现工资变少（只有 $\Theta = \theta_1$ 时才获得工资），从而降低代理人努力的意向。

图 2.4 至图 2.6 显示了第二部分收益的变化对最优努力程度的影响。θ_1 增

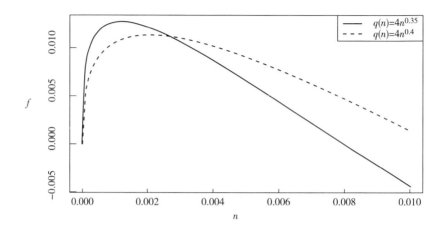

图 2.2 $P_0 = 1$，$K = 3$，$\theta_1 = 2$，$\theta_2 = 1$，$\beta = 2$ 时 α 对 n^* 的影响

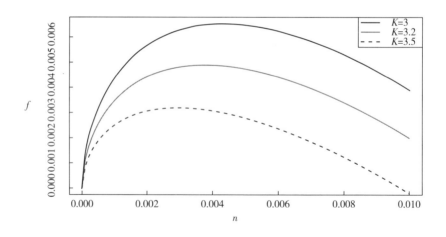

图 2.3 $P_0 = 1$，$q\,(n) = 6n^{0.6}$，$\theta_1 = 2$，$\theta_2 = 1$，$\beta = 2$ 时 K 对 n^* 的影响

加，最优努力程度下降；θ_2 增加，最优努力程度增加；最优努力程度对 θ_1 更敏感。这与无代理情况下的结论完全相反。无代理情况下，θ_1 的增加会刺激股东更加努力以得到更好的结果；θ_2 的增加会缩小两种情况下的收益差距，从而降低股东努力的意向。两种情况下结果的不同是由委托代理冲突的存在

引起的。

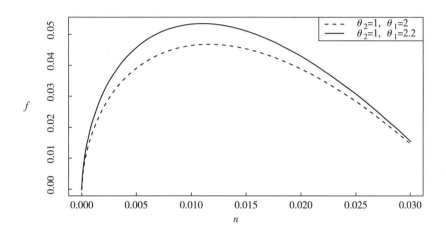

图2.4　$P_0 = 1$，$q(n) = 6n^{0.6}$，$K = 3$，$\theta_2 = 1$，$\beta = 2$ 时 θ_1 对 n^* 的影响

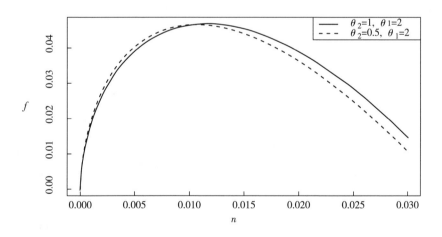

图2.5　$P_0 = 1$，$q(n) = 6n^{0.6}$，$K = 3$，$\beta = 2$ 时 θ_2 对 n^* 的影响

图2.7表明初始时刻的工程价值和最优努力程度成正比。这是由于 P_0 越大，离最优投资门槛就越近，离投资门槛越近，代理人得到的折现工资就越多（只有 $\Theta = \theta_1$ 时才获得工资），从而越倾向于努力。

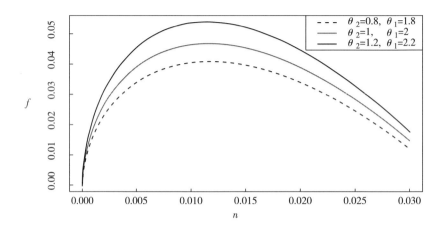

图2.6 $P_0 = 1$，$q(n) = 6n^{0.6}$，$K = 3$，$\beta = 2$ 时 Θ 的整体移动对 n^* 的影响

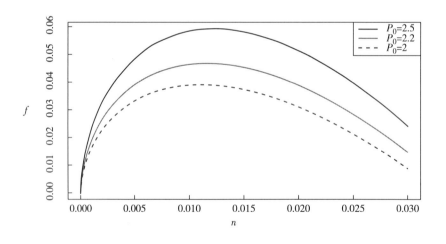

图2.7 $q(n) = 6n^{0.6}$，$\theta_1 = 2$，$K = 3$，$\theta_2 = 1$，$\beta = 2$ 时 P_0 对 n^* 的影响

图2.8显示了β对最优努力程度的影响。已知β含有期望折现率的全部信息。开始时，β的增加会使代理人更努力以缩短投资等待时间，从而减少折现率的提高对工资水平的影响。但β增加到一定程度后（$\beta > 1.5$），折现率太高了，折现工资不足以弥补零时刻付出的努力，因此，β的增加反而会降低代理人的努力程度。

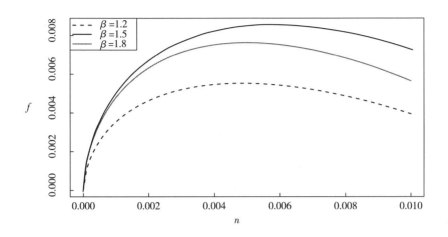

图 2.8　$P_0 = 1$，$q\ (n)\ = 6n^{0.6}$，$\theta_1 = 2$，$\theta_2 = 1$，$K = 3$ 时 β 对 n^* 的影响

第五节　Θ 是连续型分布时股东和代理人的策略选择问题

第四节给出了当 Θ 是两点分布时股东和代理人的最优策略。一般情况下，两点分布不能完全描述实际投资收益的复杂多变，考虑连续型分布的 Θ 是十分必要的。连续型分布比两点分布复杂得多，解决问题的方法也有所不同，本节就专门介绍 Θ 是连续型分布情形下的委托代理问题。

2.5.1　模型和最优策略

代理人在零时刻付出努力 n，此时，Θ 的密度函数为 $f(\theta; n)$，分布函数为 $F(\theta; n)$，其中，$\theta \in [\underline{\theta}, \overline{\theta}]$。明显地，$F(\theta; n)$ 应是 n 的单减凸函数。

代理人向股东呈报 $\Theta = \theta$ 的信息，股东根据呈报的信息 θ 确定投资策略 $P(\theta)$ 并在投资时付给代理人工资 $w(\theta)$。如果真实情况下 $\Theta = \theta$ 而代理人呈报的信息是 $\Theta = \hat{\theta}$，则代理人最终的折现工资为

$$u(\theta, \hat{\theta}) = D(P_0, P(\hat{\theta}))[w(\hat{\theta}) + \theta - \hat{\theta}] \tag{2.6}$$

类似于第四节的分析，股东所采取的工资策略应使代理人不隐瞒其真实的 θ，即对任意 $\theta \in [\underline{\theta}, \overline{\theta}]$，有

$$u(\theta, \theta) \geq u(\theta, \hat{\theta})$$

也就是说 $u_2(\theta,\hat{\theta})\big|_{\hat{\theta}=\theta}=0$。令 $U(\theta)=u(\theta,\theta)=u(\theta,\hat{\theta})\big|_{\hat{\theta}=\theta}$ 并两边求微分可得

$$\mathrm{d}U(\theta)=u_1(\theta,\hat{\theta})|_{\hat{\theta}=\theta}\mathrm{d}\theta+u_2(\theta,\hat{\theta})\mathrm{d}\hat{\theta}|_{\hat{\theta}=\theta}$$

则

$$\mathrm{d}U(\theta)=u_1(\theta,\hat{\theta})|_{\hat{\theta}=\theta}\mathrm{d}\theta$$

由式（2.6）可知 $u_1(\theta,\hat{\theta})=D(P_0,P(\hat{\theta}))$，则

$$\mathrm{d}U(\theta)=D(P_0,P(\theta))\mathrm{d}\theta$$

即

$$U(\theta)-U(\underline{\theta})=\int_{\underline{\theta}}^{\theta}D(P_0,P(s))\mathrm{d}s \tag{2.7}$$

另一方面，由式（2.6）可知

$$U(\theta)=D(P_0,P(\theta))w(\theta) \tag{2.8}$$

股东的目标为寻找最优策略 $(\tilde{P}(\theta),\tilde{w}(\theta))$ 使

$$J(P_0,w;n)=\int_{\underline{\theta}}^{\overline{\theta}}D(P_0,P(\theta))(P(\theta)+\theta-K-w(\theta))\mathrm{d}F(\theta;n)$$

最大。显然，合理的工资策略应在式（2.7）成立的条件下尽量使工资水平低，因此可允许工资策略应满足 $w(\underline{\theta})=0$，再考虑到式（2.7）、式（2.8），我们有

$$U(\theta)=\int_{\underline{\theta}}^{\theta}D(P_0,P(s))\mathrm{d}s \tag{2.9}$$

$$w(\theta)=\int_{\underline{\theta}}^{\theta}D(P(\theta),P(s))\mathrm{d}s \tag{2.10}$$

下面定义可允许策略集。若股东的策略 $\pi=(P(\cdot),w(\cdot))$ 满足：

- $w(\underline{\theta})=0$；
- $w(\cdot)$ 满足式（2.10）。

则称此策略是可允许的，记所有可允许策略组成的集合为 Π。定义股东的值函数 $W_o(P_0;n)$ 为

$$W_o(P_0;n)=\max_{(w(\cdot),P(\cdot))\in\Pi}\int_{\underline{\theta}}^{\overline{\theta}}D(P_0,P(\theta))(P(\theta)+\theta-K-w(\theta))\mathrm{d}F(\theta;n)$$

经计算可得

$$\int_{\underline{\theta}}^{\overline{\theta}} D(P_0, P(\theta))w(\theta)\mathrm{d}F(\theta;n) = \int_{\underline{\theta}}^{\overline{\theta}} D(P_0, P(\theta))\lambda(\theta;n)\mathrm{d}F(\theta;n)$$

其中 $\lambda(\theta;n) = \dfrac{1 - F(\theta;n)}{f(\theta;n)}$。则

$$J(P_0, w;n) = \int_{\underline{\theta}}^{\overline{\theta}} D(P_0, P(\theta))(P(\theta) + \theta - K - \lambda(\theta;n))\mathrm{d}F(\theta;n)$$

由两点分布的情况可知，当 $P(\theta;n) = P^*(\theta - \lambda(\theta;n))$ 时，被积函数对每一个 θ 都是最大的，此时目标函数最大。记最优策略为 $\widetilde{P}(\theta;n), \overline{w}(\theta;n)$，则有

$$\tilde{P}(\theta;n) = P^*(\theta - \lambda(\theta;n)) \tag{2.11}$$

$$\tilde{w}(\theta;n) = \int_{\underline{\theta}}^{\theta} D(\tilde{P}(\theta;n), \tilde{P}(s;n))\mathrm{d}s \tag{2.12}$$

代理人需要选择最优的努力水平 n^* 来最大化其总收益，其值函数为

$$W_m(P_0) = \max_n \int_{\underline{\theta}}^{\overline{\theta}} \left(\frac{P_0}{\tilde{P}(\theta;n)}\right)^{\beta} \tilde{w}(\theta;n)\mathrm{d}F(\theta;n) - n$$

经简单计算可知：

$$W_m(P_0) = \max_n P_0^{\beta} \left(\frac{\beta}{\beta-1}\right)^{-\beta} \int_{\underline{\theta}}^{\overline{\theta}} \left(K - \theta + \frac{1 - F(\theta;n)}{f(\theta;n)}\right)^{-\beta}(1 - F(\theta;n))\mathrm{d}\theta - n \tag{2.13}$$

2.5.2　实证分析

本小节给出一个实例，并分析各参数对最优努力程度的影响。令

$$F(\theta;n) = \begin{cases} \left(\frac{\theta}{2}\right)^{n+1}, & \theta \in [0,2] \\ 1, & \theta > 2 \end{cases}$$

则

$$f(\theta;n) = \frac{n+1}{2}\left(\frac{\theta}{2}\right)^n, \ \theta \in [0,2]$$

明显地，随着努力程度的增加，Θ 的分布越来越向较大的值倾斜，因此，这个函数是符合实际情况的。令

$$G(\theta;n) = P_0^\beta (\frac{\beta}{\beta-1})^{-\beta} \int_0^2 (K - \theta + \frac{1-F(\theta;n)}{f(\theta;n)})^{-\beta} (1 - F(\theta;n)) \mathrm{d}\theta - n$$

即

$$G(\theta;n) = P_0^\beta (\frac{\beta}{\beta-1})^{-\beta} \int_0^2 (K - \theta + \frac{2^{n+1}}{\theta^n(n+1)} - \frac{\theta}{n+1})^{-\beta} (1 - (\frac{\theta}{2})^{n+1}) \mathrm{d}\theta - n$$

如图 2.9 至图 2.12 所示，最优努力程度和 P_0，β 成正比，和 K 成反比，这个结果和离散情况下的结论相同。由于本例中 $G(\theta;n)$ 和 n 呈类似线性关系，因此得到的最优努力程度为尽最大努力或不努力两种情况。

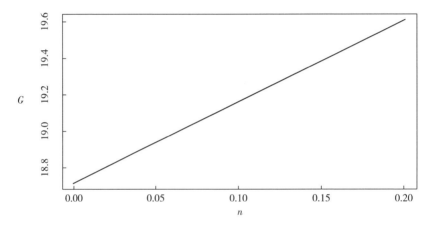

图 2.9　$K = 2.5$，$\beta = 3$，$P_0 = 5$

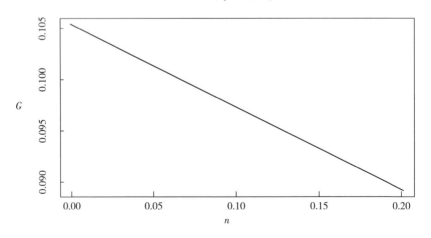

图 2.10　$K = 2.5$，$\beta = 1.5$，$P_0 = 5$

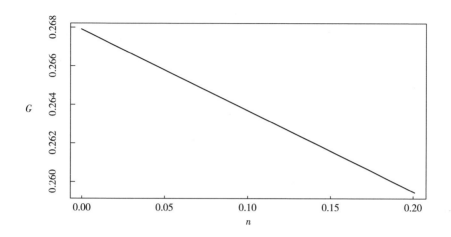

图 2.11 $K=3$，$\beta=3$，$P_0=5$

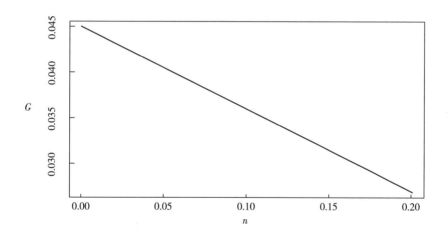

图 2.12 $K=2.5$，$\beta=3$，$P_0=2$

第六节　结论

　　本章研究了存在信息不对称和委托代理冲突时企业的最优投资时刻、工资策略和代理人的最优努力程度选取问题。已知企业拥有对某项目的投资选择权，由于专业技术的限制，股东将委托代理者经营此投资项目。投资后，该项目产生两部分价值，一部分可被股东获知且和投资时刻相关，另一部分只有代理人能观察到，且这部分价值的分布和代理人的努力程度相关。股东要选择最优的投资时刻和工资水平，在使代理人不谎报项目收益的情况下最大化企业的净折现收益（总折现收益－代理人的折现工资）。代理人要选择最优的努力程度来最大化自己的净折现工资收入（折现工资－折现努力）。因为一方的策略会影响另一方的策略选取，所以这其实是一个带限制条件的零和博弈问题。本书将分别给出第二部分收益服从离散型分布和连续型分布两种情形下双方的最优策略和值函数。

第三章

基金公司的工资激励机制和基金经理的最优努力程度、最优投资组合策略研究

第一节　引言

投资是一个复杂的过程，要想取得投资成功，研究、决策、评估等专业化协作非常重要。因此，大多数投资者都将自己的资金交由证券公司、基金公司等金融机构管理。首先，这些金融中介机构是资金盈余者与资金需求者之间融通资金的信用中介，在整个国民经济运行中起着举足轻重的作用。它们通过疏通、引导资金的流动，促进并实现了资源在经济社会中的优化分配，提高了全社会经济运行的效率，对这些金融机构投资策略的研究十分必要。其次，在基金管理公司内部，投资流程是由不同的部门分别来完成的。专门的研究人员要对宏观经济走势、行业发展趋势以及上市公司的动态进行跟踪分析，为基金管理公司所管理的所有基金的投资决策提供支持，即基金投资流程需要专业人员完成，因此，基金公司内部必然产生委托代理关系，委托代理关系的存在必然

导致委托代理冲突的出现，影响基金投资的有效性。最后，在投资流程中，基金经理的判断将在很大程度上决定基金的业绩表现，而基金的业绩表现又直接关系到投资者的利益和基金公司的信誉形象，因此，如何协调基金公司和基金经理之间的利益，使基金投资最为有效地成为基金公司内部激励机制研究的重点。本章就以上问题建立模型，并最终利用随机最优控制理论给出了最优的纳什均衡策略。

第二节　模型的建立

众所周知，资产管理行业有两层激励结构，基金公司向投资者收取固定管理费，同时根据基金业绩对个别基金经理进行补偿。因此，我们可以将委托代理关系解释为基金公司（委托人）雇佣一名基金经理（代理人）来管理其基金之一。从文献［44］的研究框架中可知，基金经理在一级市场（标号1）拥有先进的专业知识，同时，他可以在二级市场（标号2）寻求外部投资机会。假设在开始时，基金经理作出努力 n 并因此付出 $\dfrac{\theta n^2}{2}$（θ 是一个正常数）的成本。假设这种努力是基金公司无法观察到的且其对市场 1 的表现有积极的影响，作为回报，经理根据基金在终端时间的表现从基金公司获得了一笔收入。在这种情况下，基金公司需要找到最佳收入策略来最大化其终端价值，同时，基金经理需要找到最佳努力和最佳投资组合来最大化其终端价值。由于此模型中一方虽然在作出决定时会参考对方的策略，但决定权在自己，因此，这是一个非合作博弈问题。接下来，我们建立数学模型并寻找此模型下的纳什均衡策略。

一切在概率空间 $(\Omega, \mathscr{F}, P)$ 上考虑。假设两个市场取得的效益都服从几何布朗运动，即它们满足如下随机微分方程：

$$dR_1(t) = R_1(t)[(r + \mu_1 + n)dt + \sigma_1 dW^1(t)] \tag{3.1}$$

和

$$dR_2(t) = R_2(t)[(r + \mu_2)dt + \sigma_2 dW^2(t)] \tag{3.2}$$

其中 r 是无风险利率，n 是基金经理的努力程度，$\mu_1 > 0$，$\mu_2 > 0$ 分别代表两市场收益的漂移系数，$\sigma_1 > 0$，$\sigma_2 > 0$ 是两市场收益的波动系数，$W^1(t)$，$W^2(t)$ 是

$(\Omega,\mathscr{F},P)$ 上的布朗运动，相关系数为 ρ。很明显，基金经理付出越多努力，市场 1 中的投资表现越好。

考虑基金经理的策略 $\pi=(b_{1,t}^{\pi},b_{2,t}^{\pi},n)$，其中 $b_{i,t}^{\pi},i=1,2$ 代表投资于市场 i 的资金，n 代表基金经理的努力。由于基金经理可以投资于市场 1、市场 2 或无风险市场，在此投资策略下的最终收益满足随机微分方程（3.3）：

$$\mathrm{d}X^{\pi}(t)=(X^{\pi}(t)r+b_{1,t}^{\pi}(\mu_1+n)+b_{2,t}^{\pi}\mu_2)\mathrm{d}t+\sigma^{\pi}\mathrm{d}W(t) \tag{3.3}$$

其中 $\sigma^{\pi}=\sqrt{b_{1,t}^{\pi 2}\sigma_1^2+b_{2,t}^{\pi 2}\sigma_2^2+2\rho b_{1,t}^{\pi}b_{2,t}^{\pi}\sigma_1\sigma_2}$，$W(t)$ 是 $(\Omega,\mathscr{F},P)$ 上的布朗运动。假设基金公司的工资激励策略为 $w(\cdot)$（明显地，此工资策略函数应是基金最后投资收益的函数），则加上基金公司的工资激励策略，将以上基金经理的策略做延拓，可得到如下定义可允许策略：控制策略 $\pi=(b_{1,t}^{\pi},b_{2,t}^{\pi},n,w(\cdot))$ 是可允许的，如果 $b_{i,t}^{\pi},i=1,2$ 可料，$w(\cdot)$ 是一个单增的连续函数。记所有可允许策略组成的集合为 $\prod$。

分别记基金经理和基金公司的效应函数为 $U_p(\cdot)$ 和 $U_f(\cdot)$。基金经理的目标为最大化他的净收益的期望效应，即最大化

$$J_m^{\pi}(t,x)=E[U_p(w(X^{\pi}(T)))-\mathrm{e}^{rT}\frac{\theta n^2}{2}|X^{\pi}(t)=x] \tag{3.4}$$

记值函数为

$$V_m(t,x)=\sup_{\pi\in\Pi}J_m^{\pi}(t,x)$$

基金公司的目标也是最大化他的净收益的期望效应，即最大化

$$J_f^{\pi}(x)=E[U_f(X^{\pi}(T)-w(X^{\pi}(T)))|X^{\pi}(0)=x] \tag{3.5}$$

记值函数为

$$V_f(x)=\sup_{\pi\in\Pi}J_f^{\pi}(x)$$

第三节　无委托代理冲突情形下问题的解

这一节，我们考虑没有委托代理冲突存在时（基金经理的利益就是基金公司的利益）基金经理的投资策略和努力程度策略。此时，基金经理的效益是基

金投资效益减去基金经理初始努力的成本。下一节我们将考虑存在委托代理冲突时的最优博弈策略并将结果和本节的结果做一比较，以得到委托代理冲突的存在对基金投资的影响。

3.3.1 初始努力程度 n 固定时的最优投资策略

首先，我们考虑初始努力程度 n 固定时基金经理的最优投资策略和最终的值函数。不失一般性，假设效应函数为幂函数形式，即 $U_p(x) = \dfrac{x^p}{p}, 0 < p < 1$（对效应函数是其他形式的情况，利用本章的方法，也可得到相应结果。方便起见，本书不一一阐述各种情况）。我们先固定基金经理的努力程度，单看最优投资问题。此时投资问题的目标为最大化：

$$J^\pi(t,x) = E[U_p(X^\pi(T))|X^\pi(t) = x] \tag{3.6}$$

记值函数

$$V(t,x) = \sup_{\pi \in \Pi} J^\pi(t,x)$$

明显地，这个问题是一个典型的有限时间随机最优控制问题。

根据文献［43］，我们知道 $V(t;x)$ 满足 HJB 方程：

$$-V_t(t,x) = (rx + b_{1,t}^*(\mu_1 + n) + b_{2,t}^*\mu_2)V_x(t,x) + (b_{1,t}^{*2}\sigma_1^2 + b_{2,t}^{*2}\sigma_2^2 + 2\rho b_{1,t}^*\sigma_1 b_{2,t}^*\sigma_2)V_{xx}(t,x)$$

$$V(T,x) = U(x)$$

其中 $(b_{1,t}^*, b_{2,t}^*)$ 是最优投资策略。由文献［43］可知，值函数有形式 $V(t,x) = e^{\beta(T-1)}U_p(x)$（$\beta$ 待定），将此值函数代入以上 HJB 方程可知

$$\beta V(t,x) = (rx + b_{1,t}^*(\mu_1 + n) + b_{2,t}^*\mu_2)V_x(t,x) + \frac{1}{2}(b_{1,t}^{*2}\sigma_1^2 + b_{2,t}^{*2}\sigma_2^2 + 2\rho b_{1,t}^*\sigma_1 b_{2,t}^*\sigma_2)$$
$$V_{xx}(t,x)$$

通过一些简单计算我们得到

$$\beta = Ap\left(\frac{1(\mu_1 + n)^2}{2\sigma_1^2} + \frac{1\mu_2^2}{2\sigma_2^2} - \frac{\rho(\mu_1 + n)\mu_2}{\sigma_1\sigma_2}\right) + rp$$

其中 $A = \dfrac{1}{(1-p)(1-\rho^2)}$。作为副产品，我们得到最优投资策略：

$$b_{1,t}^* = \frac{X^*(t)((\mu_1 + n)\sigma_2 - \rho\mu_2\sigma_1)}{\sigma_1^2\sigma_2(1-\rho^2)(1-p)}$$

$$b_{2,t}^* = \frac{X^*(t)(\mu_2\sigma_1 - \rho(\mu_1+n)\sigma_2)}{\sigma_1\sigma_2^2(1-\rho^2)(1-p)}$$

其中 $X^*(t)$ 是最优投资策略下基金公司的投资收益。

3.3.2　基金经理的最优努力策略和各参数对最优努力策略的影响

3.3.1 节抛开最优努力程度的选取，单独考虑了最优投资组合问题。由于其是一个典型的随机最优控制问题，最优投资策略在之前的经典文献中都有所涉及，因此，本书不再对最优投资策略进行分析。这一节我们重点寻找最优努力策略。

因为一方面，基金经理在初始时刻作出的努力能带来市场 1 中投资的一个较好表现，另一方面，在基金经理作出努力的那刻其也付出了相应的代价。因此，基金经理的净收益取决于他作出的努力。一开始，由于努力的边际收益大于其边际成本，随着基金经理努力程度的加强，净收益增加。当努力程度上升时，边际收益下降，边际成本增加。最终，努力程度会到达一个临界点，在这个点上，边际收益等于边际成本，此时经理的净收益达到最大。记此时的最优努力程度为 n^*，我们有

$$\frac{\partial V(0,x)}{\partial n}\Big|_{n=n^*} = \mathrm{e}^{rT}\theta n^* \tag{3.7}$$

通过一些计算我们可知

$$\frac{TpA(\mu_1+n^*)\mathrm{e}^{\beta(n^*)T}x^p}{p} = \mathrm{e}^{rT}\theta n^* \tag{3.8}$$

其中 $\beta(n) = \dfrac{A_p\big[(\mu_1+n^*)^2+\mu_2^2\big]}{2}$。给出具体的各参数值，通过解式（3.8），我们可以得到值函数和最优努力程度。

接下来，我们就看一下各参数对最优努力程度 n^* 的影响（由文献［43］可知，知道最优努力策略后，最优投资策略很容易得到。由于关于最优投资策略方面的文章有很多，本书就不另行分析最优投资策略了）。

第四节 委托代理冲突情形下问题的解

假设基金经理的效应函数是 $U(\cdot)$，基金公司风险中性。简单起见，我们考虑基金经理的工资策略 $w(x)$ 是幂函数形式时的最优纳什均衡解。此时，$w(x)$ 满足 $w(x) = kx^q$。不同的 k，q 带来不同的工资策略，基金公司要寻找最优的 k，q 来最大化式 (3.5)。

对固定的 k，q，基金经理要最大化

$$J_m^{\pi}(t,x) = E\left[e^{-r(T-t)}\frac{(kX(T)^q)^p}{p} - \frac{\theta n^2}{2}\right] \tag{3.9}$$

由于这个最优化问题和第二节中的最优化问题类似，用同样的方法可知最优值函数为

$$V(t,x) = e^{q\beta(T-t)}\frac{(kx^q)^p}{p}$$

最优努力程度满足：

$$\frac{\partial V(t,x)}{\partial n^*} - \theta n^* = 0 \tag{3.10}$$

明显地，n^* 是 k，q 的函数，记为 $n(k,q)$。此时的最优投资策略也可得到：

$$b_{1,t}^{k,q} = \frac{X^{k,q}(t)((\mu_1 + n(k,q))\sigma_2 - \rho\mu_2\sigma_1)}{2\sigma_1^2\sigma_2(1-\rho^2)(1-qp)}$$

$$b_{2,t}^{k,q} = \frac{X^{k,q}(t)(\mu_2\sigma_1 - \rho(\mu_1 + n(k,q))\sigma_2)}{2\sigma_1\sigma_2^2(1-\rho^2)(1-qp)}$$

其中 $X^{k,q}(t)$ 是最优投资策略下基金公司的投资收益。

假设基金经理和基金公司双方都是理性的，他们需要根据对方的策略决定自己的策略。即如果基金公司选择工资策略 k，q，它能预测到基金经理将采取投资策略 $b_{1,t}^{k,q}$，$b_{2,t}^{k,q}$ 和努力 $n(k,q)$。在这个策略下，投资组合的效益为：

$$dX^{k,q}(t) = (X^{k,q}(t)r + b_{1,t}^{k,q}(\mu_1 + n(k,q)) + b_{2,t}^{k,q}\mu_2)dt + \sigma^{k,q}X^{k,q}(t)dW(t)$$

$$\tag{3.11}$$

基金公司的最终净效益为

$$J_f^{k,q}(x) = E[X^{k,q}(T) - k(X^{k,q}(T))^q] \tag{3.12}$$

记值函数为

$$V_f(x) = \sup_{\pi \in \Pi} J_f^{\pi}(x)$$

由式（3.11）可知

$$E[X^{k,q}(T) - k(X^{k,q}(T))^q] = e^{BT} - ke^{BqT} \tag{3.13}$$

其中 $B = r + b_{1,t}^{k,q}(\mu_1 + n(k,q)) + b_{2,t}^{k,q}\mu_2$。我们的目标是寻找最优的 k，q 来最大化式（3.12），因此，我们应对式（3.12）的右端求偏导数，可得

$$Te^{B(n)T(1-q)} = Tkq + \frac{1}{2Ap(\mu_1+n)^2} + \frac{qT}{2} - \frac{\mu_1}{2nAp(\mu_1+n)^2} \tag{3.14}$$

$$\ln w + \frac{1}{qp} + \frac{A[\mu_2^2 + (\mu_1+n)^2]}{2} - kB(n)T \tag{3.15}$$

理论上讲，通过解式（3.10）、式（3.14）、式（3.15），我们能得到 k^*，q^*，n^*，这是委托代理问题的纳什均衡解。当参数为 $\sigma_1 = \sigma_2 = \mu_1 = \mu_2 = T = w = 1$，$\theta = 10$，$p = 0.2$，$r = 2$ 时，利用牛顿求根法迭代，可得最优解为 $n^* = 0.2837629$，$q^* = 0.5491628$，$k^* = 3.9649273$。

理论上，我们还可以分析参数变化对均衡解的影响。

具有泊松参数相关性的两个保险公司的最优合并时刻问题研究

第一节 引言

　　合并会给公司带来一系列的好处，比如多样化、分散管理和经营风险、消除竞争、减税以及优化资源配置等。近几年来，这个话题吸引了越来越多学者的注意。从 1985 年开始，文献［38］中就已经列出了合并会带来的一系列好处。文献［39］则认为，与收购不同，合并的过程只需要付出很少的现金，且是通过股份的改变实现的。文献［45］则对合并给公司股东的财富带来的影响进行了检测。如果想要知道更多关于公司的合并，参考文献［46］－［48］，等。

　　然而，以上的分析都是定性分析，而定量工作却很少有人做。只有文献［40］考虑到了两家公司合并时的股利政策问题。合并的目的是使两家公司的总预期贴现值最大化。合并双方构造出一种情况，即假设合并会带来利润并给公司治理带来有用的指导方针。在本章的最后提出了一个开放性的问题，是关于如何在更加现实的环境中找到合并的最佳时机。文献［49］则用一些附加条件解决了这个问题。在本章中，我们同样探讨合并的最佳时期，但是不同于文献［40］和文献［49］中发现的结果。

· 在本章中，我们想要找到两家保险公司合并的最佳时机来让两家公司的生存概率最大化。这个问题是一个混合正则控制，或者说是二维最优停止问题（关于最优停止问题，参考文献［50］－［52］）。

·我们用比例再保险来考虑这个问题（关于最优再保险问题，参考文献［53］－［56］）。

首先，我们给出这个问题的验证性定理，定理4.2。为了找到最优策略和价值公式，我们关注两个重要的不等式并把问题分成两种情况讨论。第一种情况，不合并是最优选项，并且这两家公司都采用能让它们生存概率最大化的最佳再保险政策。第二种情况的计算过程较为复杂。首先，我们构造一个方程。在定理4.3中，我们分析了这个方程的性质，它满足定理4.2中的条件。最后，我们证明这个构造出的方程正是价值方程。而最优政策则作为副产品：两家保险公司采用使其生存概率最大化的最优再保险政策，直到它们的总盈余过程到达边界值c，然后，它们合并并实施合并后公司的最优再保险策略。

本章的组成部分如下：第二节将问题公式化；在第三节，我们分别分析两家保险公司如果不合并的再保险问题以及合并后公司的再保险问题；在第四节给出了函数大于值函数的条件；价值函数和最优政策都会在第五节导出；而在第六节会揭示出所有的参数对最优策略的影响并说明这个结果和经济现象是一致的；结论则在第七节呈现。

第二节　问题公式化

在这一节，我们建立出这个问题概率空间$(\Omega, \mathscr{F}, P)$的数学模型，假设有两家保险公司记为1和2，它们的安全附加费分别为η_1，η_2，风险过程为复合泊松过程。与文献［57］中的过程相似，我们假设两家保险公司的盈余过程为

$$X_1(t) = x_1 + (\lambda + \lambda_1)(1 + \eta_1)\mu t - \sum_{i=1}^{N_1(t)+N(t)} X_i$$

$$X_2(t) = x_2 + (\lambda + \lambda_2)(1 + \eta_2)\mu t - \sum_{j=1}^{N_2(t)+N(t)} X_j$$

这里 $N_1(t)$，$N_2(t)$ 和 $N(t)$ 是概率空间 $(\Omega, \mathscr{F}, P)$ 的三个独立泊松过程，强度分别是 $\lambda_1 > 0$，$\lambda_2 > 0$ 和 $\lambda > 0$。索赔额 $\{X_i, i = 1, 2, \cdots\}$ 和 $\{X_j, j = 1, 2, \cdots\}$ 是期望为 μ，方差为 σ^2 的独立同分布的随机变量。设 $\{\mathscr{F}_t\}_{t \geqslant 0}$ 为其上的过滤。

设 θ 为再保险安全附加费，这里 $\theta > \eta_i$，$i = 1, 2$。当自留比率为 b_1 时，保险公司 1 的盈余过程为

$$X_1^{b_1}(t) = x_1 + (\lambda_1 + \lambda)\mu[(1 + \theta)b_1 - (\theta - \eta_1)]t - b_1 \sum_{i=1}^{N_1(t)+N(t)} X_i \quad (4.1)$$

当自留比率为 b_2 时，保险公司 2 的盈余过程为

$$X_2^{b_2}(t) = x_2 + (\lambda_2 + \lambda)\mu[(1 + \theta)b_2 - (\theta - \eta_1)]t - b_2 \sum_{j=1}^{N_2(t)+N(t)} X_j \quad (4.2)$$

如果这两家公司合并的话，合并后的公司的盈余过程满足

$$X_m(t) = x_1 + x_2 - I + (\lambda_1 + \lambda_2 + 2\lambda)(1 + \eta_m)\mu t - \sum_{i=1}^{N_1(t)+N(t)} X_i - \sum_{j=1}^{N_2(t)+N(t)} X_j$$

$$(4.3)$$

其中 I 是合并的费用，x_1 是保险公司 1 在合并时的准备金，x_2 是保险公司 2 在合并时的准备金，且 η_m 是合并后公司的安全附加费，在这里我们假设 $\eta_m \leqslant \theta$。

当自留比率为 b_m 时，合并公司的盈余过程就是

$$X_m^{b_m}(t) = x_1 + x_2 - I + (\lambda_1 + \lambda_2 + 2\lambda)\mu[(1 + \theta)b_m - (\theta - \eta_m)]t$$

$$- b_m \left(\sum_{i=1}^{N_1(t)+N(t)} X_i + \sum_{i=1}^{N_2(t)+N(t)} X_i \right) \quad (4.4)$$

中心极限定理告诉我们，分散近似值是保险合同数量足够大的复合泊松过程的一个良好逼近。因此，从现在开始，我们用分散近似模型来考虑这个问题。根据文献 [57]，近似的分散过程 $X_1^{b_1}(t) + X_2^{b_2}(t)$ 满足

$$X_1^{b_1}(t) + X_2^{b_2}(t) = x_1 + x_2 + (\mu_1 + \mu_2)t + \sqrt{\gamma_1^2 + \gamma_2^2 + 2\rho\gamma_1\gamma_2} B(t)$$

这里 $B(t)$ 是概率空间 $(\Omega, \mathscr{F}, \{\mathscr{F}_t\}_{t \geqslant 0}, P)$ 的标准布朗运动，且

$$\mu_1 = (\lambda_1 + \lambda)\mu[\theta b_1 - (\theta - \eta_1)]$$

$$\mu_2 = (\lambda_2 + \lambda)\mu[\theta b_2 - (\theta - \eta_1)]$$

$$\gamma_1 = \sqrt{(\lambda_1 + \lambda)(\mu^2 + \sigma^2)b_1}$$

$$\gamma_2 = \sqrt{(\lambda_2 + \lambda)(\mu^2 + \sigma^2)b_2}$$

$$\rho = \frac{\lambda}{\gamma_1 \gamma_2} b_1 b_2 \mu^2$$

$X_m^{b_m}(t)$ 的近似扩散过程满足：$X_m^{b_m}(t) = x_1 + x_2 - I + (\lambda_1 + \lambda_2 + 2\lambda)\mu[\theta b_m - (\theta - \eta_m)]t + \sqrt{(\lambda_1 + \lambda_2 + 2\lambda)(\mu^2 + \sigma^2) + 2\lambda\mu^2 b_m}B(t)$ 。

考虑一个策略 $\pi = (T^\pi, b_1^\pi, b_2^\pi, b_m^\pi)$，其中一个控制因素 T^π 表示合并时期，$b_{i,t}^\pi(i = 1, 2)$ 表示保险公司 i 在合并前所承担的风险比例，b_m^π 表示合并公司所承担的风险比例。用 $X^\pi(t)$ 表示出两个保险公司在时间为 t，策略是 $\pi = (T^\pi, b_1^\pi, b_2^\pi, b_m^\pi; t \geqslant 0)$ 时的总盈余。那么，我们得到

$$X^\pi(t) = x_1 + x_2 - I 1_{\{t \geqslant T^\pi\}} + \int_0^{t \wedge T^\pi} \mathrm{d}(X_1^\pi(s) + X_2^\pi(s)) + \int_{t \wedge T^\pi}^t \mathrm{d}X_m^\pi(s) \quad (4.5)$$

这里 x_1 和 x_2 是两个保险公司的初始价值。设 $\tau_0^\pi = \inf\{t \geqslant 0: X^\pi(t) \leqslant 0\}$ 。一个控制策略 $\pi = (T^\pi, b_1^\pi, b_2^\pi, b_m^\pi; t \geqslant 0)$ 满足以下条件时是可接受的

- $b_{i,t}^\pi \in [0, 1] (i = 1, 2, m)$ 是循序可测的。
- T^π 是 $\mathscr{F}_t$ 停止时间，且 $T^\pi \leqslant \tau_0^\pi$ 。
- 在策略 π 下定理4.5存在唯一非负解。

我们用 $\prod$ 表示所有容许控制合集。

两家保险公司想要确定一种容许控制政策以使其生存概率最大化（即，如果发生合并，它们想要让合并公司的生存概率最大化），也就是说，它们想要最大化

$$\delta^\pi(x) = P(\tau_0^\pi = \infty | X_1^\pi(0) + X_2^\pi(0) = x)$$

价值方程表示为

$$\delta(x) = \sup_{\pi \in \Pi} \delta^\pi(x)$$

第三节 预备知识

首先，我们分析一下合并保险公司 m 存在的最优比例再保险问题。用 $\delta_m^b(x)$ 表示合并保险公司 m 在再保险策略为 b 时的生存概率。那么，价值方程为

$$\delta_m(x) = \sup_{b \in [0,1]} \delta_m^b(x)$$

根据文献［53］我们知道 $\delta_m(x)$ 满足

$$\sup_{b \in [0,1]} \mathscr{L}_m^b \delta_m(x) = 0$$

这里

$$\mathscr{L}_m^b \delta_m(x) = (\lambda_1 + \lambda_2 + 2\lambda)[\mu(\theta b_m - (\theta - \eta_m))]\delta_m'(x) + \frac{1}{2}[(\lambda_1 + \lambda_2 + 2\lambda)(\mu^2 + \sigma^2) + 2\lambda\mu^2]b_m^2 \delta_m''(x)$$

通过一些简单的计算，我们可以得出最优比例再保险策略为

$$b_m^* = 2(1 - \frac{\eta_m}{\theta}) \wedge 1$$

和最佳生存概率为

$$\delta_m(x) = 1 - e^{-k_m x} \tag{4.6}$$

这里

$$k_m = \begin{cases} \frac{A\theta^2}{2(\theta - \eta_m)}, & \eta_m \leqslant \theta \leqslant 2\eta_m, \\ 2A\eta_m, & \theta \geqslant 2\eta_m. \end{cases}$$

其中，

$$A = \frac{(\lambda_1 + \lambda_2 + 2\lambda)\mu}{(\lambda_1 + \lambda_2 + 2\lambda)(\mu^2 + \sigma^2) + 2\lambda\mu^2}$$

接下来我们分析两个保险公司不合并时的最优再保险政策。定义

$$\mathscr{L}_{1,2}^{(b_1,b_2)} g(x) = \mu[(\lambda_1 + \lambda)(\theta b_1 - (\theta - \eta_1)) + (\lambda_2 + \lambda)(\theta b_2 - (\theta - \eta_2))]g'(x) + \frac{1}{2}[(\lambda_1 + \lambda)(\mu^2 + \sigma^2)b_1^2 + (\lambda_2 + \lambda)(\mu^2 + \sigma^2)b_2^2 + 2\lambda b_1 b_2 \mu^2]g''(x)$$

如果没有发生合并，设 $\delta_{1,2}^{(b_1,b_2)}(x)$ 是保险策略为 (b_1, b_2) 时，两家公司的生存概率。这里 b_1，b_2 分别是保险公司 1，2 的比例再保险策略。定义

$$\delta_{1,2}(x) = \sup_{0 \leq b_i \leq 1 (i=1,2)} \delta_{1,2}^{(b_1,b_2)}(x)$$

利用文献［53］中所用的相同的方法可以证明:

$$\sup_{b_i \in [0,1],\, i=1,2} \mathscr{L}_{1,2}^{(b_1,b_2)} \delta_{1,2}(x) = 0 \tag{4.7}$$

设

$$b_1^* = \frac{(\lambda + \lambda_1)(\mu^2 + \sigma^2) - \lambda \mu^2}{\lambda + \lambda_1} B$$

$$b_2^* = \frac{(\lambda + \lambda_2)(\mu^2 + \sigma^2) - \lambda \mu^2}{\lambda + \lambda_2} B$$

这里

$$B = \frac{2[(\theta - \eta_1)(\lambda_1 + \lambda) + (\theta - \eta_2)(\lambda_2 + \lambda)]}{\theta[(\sigma^2 + \mu^2)(\lambda_1 + \lambda_2) + 2\lambda \sigma^2]}$$

因为考虑比例再保险策略 1 没有意义，我们可以用合适的参数使 b_1^* 和 b_2^* 小于 1。那么，我们就得到最优再保险策略是 (b_1^*, b_2^*) 和最优价值方程为

$$\delta_{1,2}(x) = 1 - \mathrm{e}^{-k_{1,2}x} \tag{4.8}$$

这里

$$k_{1,2} = \frac{\theta \mu (\lambda_2 + \lambda)}{2b_2^*(\mu^2 + \sigma^2)(\lambda_2 + \lambda) + 2b_1^* \lambda \mu^2}$$

在第五节，我们将考虑两种情况:

- 1. $k_{1,2} \geq k_m$;

- 2. $k_{1,2} < k_m$。

我们将在第一种情况中说明两家公司没有合并，在第二种情况中，两家公司采用再保险策略 (b_1^*, b_2^*) 直到它们盈余过程的总量达到边界值 c，之后再采用再保险策略 b_m^*。

接下来，我们给出两个能够得出价值函数的基本方程，如果两个保险公司采用策略 $\pi^m = (0, 0, 0, b_m^*)$，那么

$$\delta(x) \geq \delta^{\pi^m}(x) = \delta_m(x - I)$$

如果两个保险公司采用策略 $\pi^0 = (\infty, b_1^*, b_2^*, 0)$，那么

$$\delta(x) \geq \delta^{\pi^0}(x) = \delta_{1,2}(x)$$

第四节　HJB 方程和验证性定理

在这一节，我们给出了 $\delta(x)$ 的验证性结论。这个结论会帮助我们找到最佳策略以及这个问题的价值函数。

下面的定理给出了一个关键的等式来证明这个验证性结论。

定理 4.1　价值函数 $\delta(x)$ 满足

$$\delta(x) = \sup_{\pi \in \Pi} E_x[\delta_m(X_1^\pi(T^\pi) + X_2^\pi(T^\pi) - I)]$$

证明. 首先，对于任意 $\pi \in \prod$，都有

$$
\begin{aligned}
\delta^\pi(x) &= E_x[1_{\{\tau_0^\pi = \infty\}}] = E_x[E[1_{\{\tau_0^\pi = \infty\}}]|X_1^\pi(T^\pi) + X_2^\pi(T^\pi)] \\
&\leq E_x[\delta_m(X_1^\pi(T^\pi) + X_2^\pi(T^\pi) - I)]
\end{aligned}
\tag{4.9}
$$

在式（4.9）两边分别取关于 π 的上确界，我们能得到

$$\delta(x) \leq \sup_{\pi \in \Pi} E_x[\delta_m(X_1^\pi(T^\pi) + X_2^\pi(T^\pi) - I)]$$

另一方面，$\forall \pi \in \prod$，构造一个新策略 $\overline{\pi} = (T^\pi, b_1^\pi, b_2^\pi, b_m^*; t \geq 0)$，容易得出

$$\delta^{\overline{\pi}}(x) = E_x[\delta_m(X_1^\pi(T^\pi) + X_2^\pi(T^\pi) - I)] \tag{4.10}$$

设 $\overline{\prod} = \{\overline{\pi} = (T^\pi, b_1^\pi, b_2^\pi, b_m^*; t \geq 0) : \pi \in \prod\}$，那么

$$\sup_{\pi \in \Pi} E_x[\delta_m(X_1^\pi(T^\pi) + X_2^\pi(T^\pi) - I)] = \sup_{\pi \in \bar{\Pi}} E_x[\delta_m(X_1^\pi(T^\pi) + X_2^\pi(T^\pi) - I)] \tag{4.11}$$

因为

$$\delta(x) \geq \delta^{\overline{\pi}}(x)$$

在不等式两边分别取上确界并和式（4.10）、式（4.11）联立，可以得到

$$\delta(x) \geq \sup_{\pi \in \Pi} E_x[\delta_m(X_1^\pi(T^\pi) + X_2^\pi(T^\pi) - I)]$$

定理证毕。

接下来，我们给出关于 $\delta(x)$ 的验证性结论。

定理 4.2　如果我们能找到一个在 $[0, \infty)$ 上分段二阶可微且导数有界的非负函数 $w(x)$，它满足：

1. $\displaystyle\sup_{b_i\in[0,1],\ i=1,2} \mathscr{L}_{1,2}^{(b_1,b_2)} w(x) \leq 0,$
2. $w(x) \geq \delta_m(x-I),$

初始条件为 $w(0) = 0$。那么，对任意 $x \geq 0$，都有 $w(x) \geq \delta(x)$ 成立。

证明. 对于任意控制策略 $\pi \in \prod$，假定 $X_1^\pi(0) + X_2^\pi(0) = x$ 并考虑 $w(X_1^\pi(t \wedge \tau_0^\pi) + X_2^\pi(t \wedge \tau_0^\pi))$。通过用从 0 到 T^π 的广义伊藤公式，可以得到

$$w(X_1^\pi(T^\pi) + X_2^\pi(T^\pi))$$
$$= w(x) + \int_0^{T^\pi} \mathscr{L}_{1,2}^\pi w(X_1^\pi(t) + X_2^\pi(t))\mathrm{d}t$$
$$+ \int_0^{T^\pi} \sqrt{\gamma_1^2 + \gamma_2^2 + 2\rho\gamma_1\gamma_2}\, w'(X_1^\pi(t) + X_2^\pi(t))\mathrm{d}B(t)$$

因为 $w'(x)$ 有界，对等式两边取期望，并用此定理中的两个条件，可以得到

$$w(x) \geq E_x[w(X_1^\pi(T^\pi) + X_2^\pi(T^\pi))] \geq E_x[\delta_m(X_1^\pi(T^\pi) + X_2^\pi(T^\pi) - I)]$$

对两边取关于 π 的上确界并参考定理 4.1，我们就可以得到这个结果。

第五节　价值函数和最佳策略

接下来的定理告诉我们，如果 $k_{1,2} \geq k_m$，两家保险公司就不会合并，且会遵循再保险策略 (b_1^*, b_2^*)。

定理 4.3 如果 $k_{1,2} \geq k_m$，那么

$$\delta(x) = \delta_{1,2}(x)$$

证明. 根据式（4.6）、式（4.8），我们知道，如果 $k_{1,2} \geq k_m$，那么

$$\delta_{1,2}(x) \geq \delta_m(x-I)$$

另外，

$$\sup_{b_i\in[0,1],\ i=1,2} \mathscr{L}_{1,2}^{(b_1,b_2)} \delta_{1,2}(x) = \mathscr{L}_{1,2}^{(b_1^*,b_2^*)} \delta_{1,2}(x) = 0$$

所以，$\delta_{1,2}(x)$ 满足定理 4.2 的条件，因此，

$$\delta_{1,2}(x) \geq \delta(x)$$

因为

$$\delta_{1,2}(x) \leq \delta(x)$$

证明完毕。

下面的引理定义了一个函数 $N(x)$ ，对于 $k_{1,2} < k_m$ ，我们将要证明 $N(x)$ 就是价值函数。

引理 4.4 设

$$N(x) = \sup_{\tau \in \mathscr{T}} E[\delta_m(X_1^{\pi^0}(\tau) + X_2^{\pi^0}(\tau) - I)]$$

那么，

$$N(x) = \begin{cases} k\delta_{1,2}(x), & x < c, \\ \delta_m(x-I), & x \geqslant c, \end{cases}$$

这里 c 满足

$$k_m e^{(k_{1,2}-k_m)c} + (k_{1,2}-k_m)e^{-k_m c} = k_{1,2}e^{-k_m I}$$

和

$$k = \frac{k_m \exp\{c(k_{1,2}-k_m) + k_m I\}}{k_{1,2}}$$

证明 . 用最优停止定理，我们可以得到

$$\max\{\mathscr{L}_{1,2}^{(b_1^*,b_2^*)} N(x), \delta_m(x-I) - N(x)\} = 0$$

而且，存在一个 $c \geqslant 0$ ，当 $x < c$ ，有

$$\mathscr{L}_{1,2}^{(b_1^*,b_2^*)} N(x) = 0 \tag{4.12}$$

且当 $x \geqslant c$ ，

$$N(x) = \delta_m(x-I)$$

求解式（4.12），我们可以得到

$$N(x) = k\delta_{1,2}(x), \ x < c$$

这里 k 是一个不确定的系数，根据平滑合适原则，我们知道 k , c 是由

$$k\delta_{1,2}(c) = \delta_m(c-I) \tag{4.13}$$

和

$$k\delta_{1,2}'(c) = \delta_m'(c-I) \tag{4.14}$$

确定的。通过简单的计算，我们可以得到

$$k_m e^{(k_{1,2}-k_m)c} + (k_{1,2}-k_m)e^{-k_m c} = k_{1,2}e^{-k_m I}$$

和

$$k = \frac{k_m \exp\{c(k_{1,2} - k_m) + k_m I\}}{k_{1,2}}$$

下面的引理 4.5 是用于证明 $N(x)$ 满足定理 4.2 的第二个条件。

引理 4.5 如果 $k_{1,2} < k_m$，对于 $x > c$ 来说，就有

$$\sup_{b_i \in [0,1],\ i=1,2} \mathscr{L}_{1,2}^{(b_1, b_2)} N(x) = \sup_{b_i \in [0,1],\ i=1,2} \mathscr{L}_{1,2}^{(b_1, b_2)} \delta_m(x-I) \le 0$$

证明. 因为

$$\mathscr{L}_{1,2}^{(b_1^*, b_2^*)} \delta_m(c-I) \le k \mathscr{L}_{1,2}^{(b_1^*, b_2^*)} \delta_{1,2}(c) = 0$$

联立方程（4.14），可以得到

$$\delta_m''(c-I) \le k \delta_{1,2}''(c)$$

根据式（4.6）、式（4.8），定义

$$G(x) = \frac{\delta_m''(x-I)}{k \delta_{1,2}''(x)} = \frac{e^{k_m I} k_m^2}{k k_{1,2}^2} e^{-(k_m - k_{1,2})x}$$

显然，如果 $k_m > k_{1,2}$，$G(x)$ 是严格递减。当 $x > c$，有

$$\frac{\delta_m''(x-I)}{k \delta_{1,2}''(x)} < \frac{\delta_m''(c-I)}{k \delta_{1,2}''(c)} \le 1$$

这也就意味着

$$\delta_m''(x-I) < k \delta_{1,2}''(x),\ x > c$$

又

$$\delta_m'(c-I) = k \delta_{1,2}'(c)$$

那么，我们有

$$\delta_m'(x-I) < k \delta_{1,2}'(x),\ x > c$$

因此，$\forall (b_1, b_2)$

$$\mathscr{L}_{1,2}^{(b_1, b_2)} \delta_m(x-I) < k \mathscr{L}_{1,2}^{(b_1, b_2)} \delta_{1,2}(x) \le 0,\ x > c$$

通过对等式两边取上确界，完成了证明。

定理 4.6 如果 $k_{1,2} < k_m$，那么，$\delta(x) = N(x)$。最佳策略就是两家公司遵循能使其生存概率达到最大的再保险策略，直到它们的盈余过程的总量达到边

41

界值 c，之后，它们合并并采用合并公司的最优再保险策略。

证明. 首先，根据 $N(x)$ 的定义，我们知道

$$N(x) \geq \delta_m(x - I)$$

对于 $x \leq c$，

$$N(x) = k\delta_{1,2}(x)$$

推得

$$\sup_{b_i \in [0,1],\, i=1,2} \mathscr{L}_{1,2}^{(b_1,b_2)} N(x) = k \sup_{b_i \in [0,1],\, i=1,2} \mathscr{L}_{1,2}^{(b_1,b_2)} \delta_{1,2}(x) = k\mathscr{L}_{1,2}^{(b_1^*,b_2^*)} \delta_{1,2}(x) = 0$$

又根据引理 4.5，我们有，当 $x \geq 0$，

$$\sup_{b_i \in [0,1],\, i=1,2} \mathscr{L}_{1,2}^{(b_1,b_2)} N(x) \leq 0$$

所以，满足定理 4.2 中的两个条件，我们由此得出

$$\delta(x) \leq N(x)$$

另外

$$\delta(x) \geq N(x)$$

那么，我们有

$$\delta(x) = N(x)$$

显然，根据 $N(x)$ 的定义，最佳策略就是两家公司遵循能使其生存概率达到最大的再保险策略，直到它们的盈余过程的总量达到边界值 c，之后，它们合并并采用合并公司的最优再保险策略。

第六节　结果说明

在这一节，我们就所有参数对最优政策的影响进行讨论。因为 $k_m - k_{1,2}$ 决定要不要合并，所以在 4.6.1 中，我们来说明所有参数对 $k_m - k_{1,2}$ 的影响。

4.6.1　所有参数对 $k_m - k_{1,2}$ 的影响

图 4.1 至图 4.7 给出了对所有参数对 $k_m - k_{1,2}$ 影响。

图 4.1 显示出 η_m 对 k_m 有积极影响但对 $k_{1,2}$ 没有影响。所以 $k_m - k_{1,2}$ 随着 η_m

的增加而增加。最初，$k_m < k_{1,2}$；在 $\eta_m = 0.24$ 附近时，$k_m < k_{1,2}$；在 $\eta_m > 0.24$ 时，$k_m > k_{1,2}$。这表明：

- 随着 η_m 的增加，合并所带来的好处越多（这个结论和现实情况相符）。

- 当 $\eta_1 = 0.4$，$\eta_2 = 0.3$，且 $\eta_m = 0.24$ 时，合并后的公司的生存概率更高。这表明，对于一个合并公司来说，安全负载越小，生存概率越大。因为安全负载越小意味着这个公司的竞争力越强，也就是说，合并会在提高公司的竞争力同时增大了生存概率。

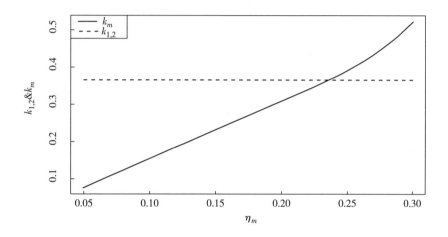

图 4.1　$\lambda = 1$，$\lambda_1 = 2$，$\lambda_2 = 3$，$\eta_1 = 0.4$，$\eta_2 = 0.3$，$\theta = 0.45$，$\mu = 1$，
$\sigma = 0.1$，η_m 对 $k_m \& k_{1,2}$ 的影响

图 4.2 和图 4.3 表明 η_1 和 η_2 对 $k_{1,2}$ 有正效应，但对 k_m 没有影响。因此当 η_1 或 η_2 增大时，$k_m - k_{1,2}$ 减小。起初 $k_{1,2} < k_m$；它们分别在 $\eta_1 = 0.26$ 和 $\eta_2 = 0.2$ 时相等。这两个数字同样表明合并公司会有更大的生存概率和更小的安全负载。

图 4.4 表明 θ 对 k_m 和 $k_{1,2}$ 都有负效应。进一步，当 θ 增大时，$k_{1,2}$ 比 k_m 减小得更快。起初 $k_m < k_{1,2}$；在 $\theta = 0.49$ 附近时二者相等；当 $\theta > 0.49$，$k_m > k_{1,2}$。这表明：

- θ 越大，合并的好处越多。

- 合并公司有更好的抗再保险风险。

图 4.5 表明 λ 对 k_m 和 $k_{1,2}$ 都有负效应。进一步，当 λ 增大时，k_m 比 $k_{1,2}$ 减小得更快。这表明：

- 风险相关性（λ）越大，生存概率越低（参考巨灾保险）。

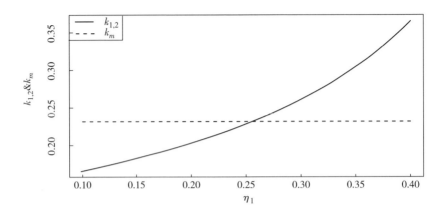

图 4.2　$\lambda = 1$，$\lambda_1 = 2$，$\lambda_2 = 3$，$\eta_2 = 0.3$，

$\eta_m = 0.15$，$\theta = 0.45$，$\mu = 1$，$\sigma = 0.1$，η_1 对 $k_m \& k_{1,2}$ 的影响

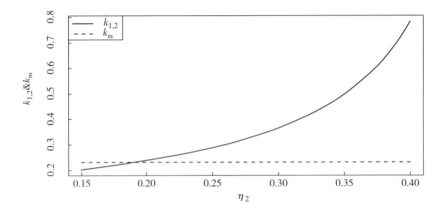

图 4.3　$\lambda = 1$，$\lambda_1 = 2$，$\lambda_2 = 3$，$\eta_1 = 0.4$，$\eta_m = 0.15$，$\theta = 0.45$，

$\mu = 1$，$\sigma = 0.1$，η_2 对 $k_m \& k_{1,2}$ 的影响

● 合并公司的生存概率对风险相关性（λ）更敏感，所以，随着 λ 的增大，合并的弊端会愈加明显。

● $k_m - k_{1,2}$ 对 η_m 敏感。η_m 稍微增大 $k_m - k_{1,2}$ 就会剧烈变化，所以对于不同的 λ，我们可以用不同的 η_m 来获得更好的合并结果。

在图 4.6 和图 4.7 中，我们会看到商业规模对最优策略的影响。$\eta_1 = 0.4$ 和 $\eta_2 = 0.35$。保险公司 1 的安全负载好于保险公司 2，这表明保险公司 1 有更好的声誉和服务。

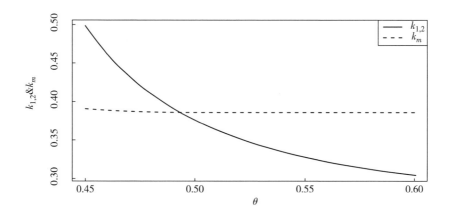

图 4.4 $\lambda = 1$，$\lambda_1 = 2$，$\lambda_2 = 3$，$\eta_1 = 0.4$，

$\eta_2 = 0.35$，$\eta_m = 0.25$，$\mu = 1$，$\sigma = 0.1$，θ 对 $k_m \& k_{1,2}$ 的影响

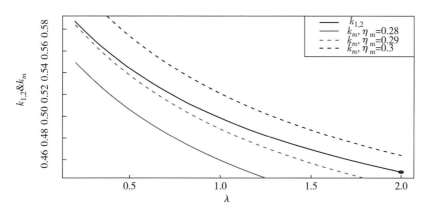

图 4.5 $\lambda_1 = 2$，$\lambda_2 = 3$，$\eta_1 = 0.4$，$\eta_2 = 0.35$，

$\theta = 0.45$，$\mu = 1$，$\sigma = 0.1$，λ 对 $k_m \& k_{1,2}$ 的影响

图 4.6 表明 λ_1 对 k_m 和 $k_{1,2}$ 都有正效应。进一步，λ_1 增大时，$k_{1,2}$ 比 k_m 增加更快。所以 λ_1 增大时，$k_m - k_{1,2}$ 减小。最初，$k_{1,2} < k_m$；在 $\lambda_1 = 3$ 附近时，二者相等；$\lambda_1 > 3$ 时，$k_m < k_{1,2}$。这表明：

● 不管会不会发生合并，保险公司 1 的商业扩张都会带来更大的生存概率（很明显，一家较好的保险公司的业务扩张所带来的利润大于风险）。

● 随着保险公司 1 的扩张，合并所带来的弊端会愈加明显。

图 4.7 表明 λ_2 对 k_m 有正效应，对 $k_{1,2}$ 有负效应。起初，$k_m < k_{1,2}$；在

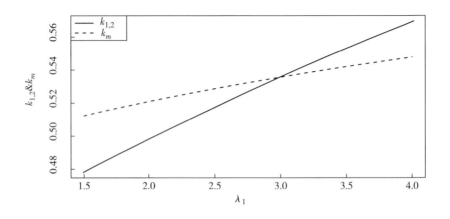

图 4.6 $\lambda = 1$，$\lambda_2 = 3$，$\eta_1 = 0.4$，$\eta_2 = 0.35$，$\theta = 0.45$，

$\mu = 1$，$\sigma = 0.1$，λ_1 对 $k_m \& k_{1,2}$ 的影响

$\lambda_2 = 3$ 附近时二者相等；$\lambda_2 > 3$ 时，$k_m > k_{1,2}$。这表明较差的保险公司（保险公司 2）的业务扩张会减小生存概率，但是如果其和一个较好的保险公司（保险公司 1）合并的话，业务扩张会增大其生存概率。

如果我们知道 $k_m - k_{1,2}$，我们就可以决定要不要合并。因此，在这一部分，我们结合所有的参数来确定要不要合并。在下一部分，我们考虑当 $k_m \geqslant k_{1,2}$ 时，k_m，$k_{1,2}$ 和 I 对合并时机的影响，也就相当于分析 k_m，$k_{1,2}$ 和 I 对 c 的影响。

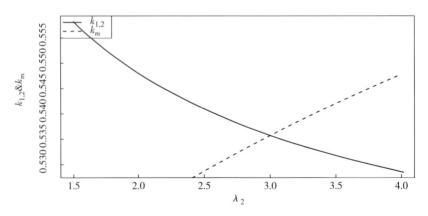

图 4.7 $\lambda = 1$，$\lambda_1 = 2$，$\eta_1 = 0.4$，$\eta_2 = 0.35$，$\theta = 0.45$，

$\mu = 1$，$\sigma = 0.1$，λ_2 对 $k_m \& k_{1,2}$ 的影响

4.6.2　k_m，$k_{1,2}$和 I 对 c 的影响

图 4.8 至图 4.13 符合 $k_m \geqslant k_{1,2}$ 的条件。

图 4.8 和图 4.9 表明 k_m 对 c 有负效应，当 $k_m = k_{1,2}$ 时，$c = \infty$，此时两个公司不合并。当 k_m 增大时，合并边界值 c 减小。这表明：

- 随着 k_m 的增大，$k_{1,2}$ 和 k_m 之间的差距越来越大，协同效应越来越明显，合并的边界值 c 也会越来越小。

- 随着 k_m 的增大，$k_{1,2}$ 和 k_m 之间的差距越来越大，这条线的斜率会接近于零（这个结果符合边际效应递减）。

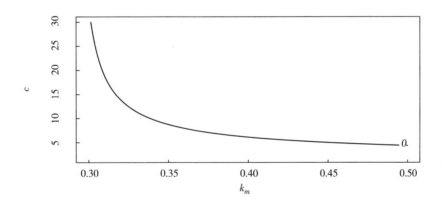

图 4.8　$k_{1,2} = 0.29$，$I = 1$，k_m 对 c 的影响

图 4.10 和图 4.11 表明 $k_{1,2}$ 对 c 有正效应。这表明：

- 随着 $k_{1,2}$ 的增大，$k_{1,2}$ 和 k_m 之间的差距越来越小，合并的边界值 c 越来越大。

- 当 $k_m = k_{1,2}$ 时，$c = \infty$，两家保险公司不合并。

- 随着 $k_{1,2}$ 的减小，$k_{1,2}$ 和 k_m 之间的差距越来越大，这条线的斜率会接近于零（这个结果符合边际效应递减）。

图 4.12 和图 4.13 表明 I 对 c 有正效应（合并的费用越多，合并的边界值越大）。这表明：

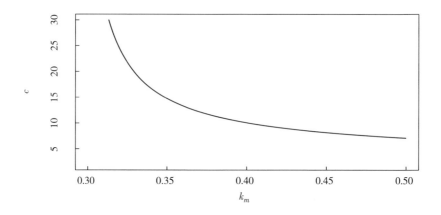

图 4.9　$k_{1,2} = 0.29$，$I = 2$，k_m 对 c 的影响

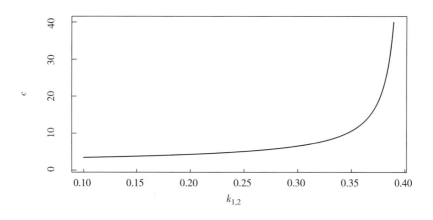

图 4.10　$k_m = 0.4$，$I = 1$，$k_{1,2}$ 对 c 的影响

● 当 $k_{1,2} = 0.2$ 时，这条线的斜率接近 2.3；当 $k_{1,2} = 0.3$ 时，斜率大于 4。间隔越小，对 I 的影响越大（其中一个因素的影响减弱，另一个因素的影响增强）。

● 我们同样能从图 4.14 中看出，当 $k_{1,2} = 0.39$，$k_m = 0.4$ 时（就像图 4.1

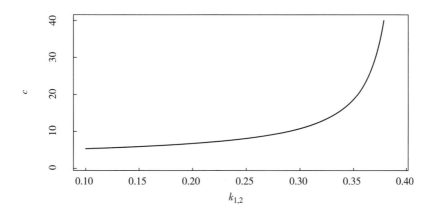

图 4.11 $k_m = 0.4$，$I = 2$，$k_{1,2}$对 c 的影响

至图 4.7 中一样，有 0.01 的差距很正常），斜率接近 40。因此，合并费用的合理减少可以减少合并的等待时间。

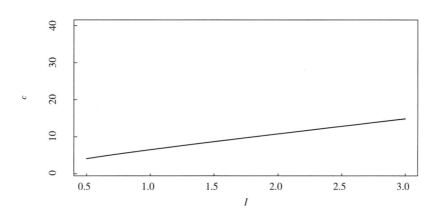

图 4.12 $k_{1,2} = 0.3$，$k_m = 0.4$，I 对 c 的影响

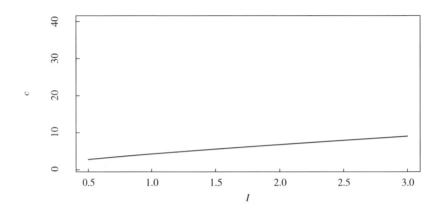

图 4.13　$k_{1,2}=0.2$，$k_m=0.4$，I 对 c 的影响

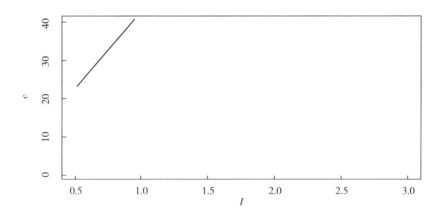

图 4.14　$k_{1,2}=0.39$，$k_m=0.4$，I 对 c 的影响

第七节　结论

　　规模经济、竞争优势理论以及代理理论导致了公司合并的迅速发展，而习得理论则使其成为西方经济中最活跃的领域。然而，现有的研究成果主要是研究企业并购的动因。从企业管理和财务分析的角度来看，大部分研究成果把注意力放在规模经济、管理效率以及企业定价上，且都是定性分析而忽略了对企业风险的测量。

我们对两个保险公司用比例再保险合同合并的最佳时机进行测试。这个问题需要用到扩散近似模型，目的是将两个保险公司的生存概率最大化。首先，这个验证性定理已被证实，然后我们把这个问题分为两种情况讨论。第一种情况，不合并是最优选项，并且这两家公司都采用能让它们生存概率最大化的最佳再保险政策。第二种情况，两个公司采用和第一种情况相同的再保险政策，直到它们的盈余过程之和达到临界值。基于以上两种情况，它们合并并实施合并后公司的最优再保险策略。从风险控制的角度来看，本章通过最优停止理论和随机最优控制理论给出了合并的最优时机以及两家保险公司的再保险策略。通过分析参数的变化对合并策略的影响，我们得到了很多有意义的结论。比如，合并公司的竞争力更强并对再保险率的变化有更强的适应能力，一个声誉和服务都很好的公司进行业务扩展会降低其破产率。这些结论也都符合规模经济和竞争优势理论。我们同样发现，合并的优势越明显，合并的时间就越提前；合并的费用越高，合并的时间就会越迟。

本章以两家公司有相等的议价能力为前提给出了最优策略。然而，议价能力不等的两家公司的合并是未来值得讨论的一个话题。因为这个问题更加复杂，需要更多的像博弈论等辅助工具。

第五章

二次费改背景下的车险奖惩系统研究

车险作为重要的财产保险产品之一，一直以来都是我国监管部门重点关注的对象。由于奖惩系统对优化交通环境、改善交通秩序以及规范车主的驾车行为、形成其良好的驾驶习惯具有积极的促进作用，车险费率一般在奖惩系统下厘定。在经历第二次商车费改之后，商业车险正式引入了和交通违法系数相关的奖惩系统。本章在奖惩系统的基础理论背景下，引入交通违法系数，利用概率转移矩阵等工具分别给出各级别的无赔款优待系数和交通违法系数，并利用最小二乘法调整了理论系数，给出符合实际情况的系数。最后，本章通过比较不同假设前提下的无赔款优待系数，提出了改进商业车险奖惩系统的相关建议，以促进车险市场长久健康地发展。

第一节　引言

奖惩系统在车险定价中的应用可以追溯到 20 世纪初，最早的形式是无赔款优待，折扣很少。1959 年法国召开了国际精算协会的第一次学术研讨会，会议的主题就是"保险中的无赔款优待系统，尤其是与车险相关的业务"。会议产生了大量车险奖惩系统的研究文献，从此，奖惩系统迎来了其跨越式的发展，有关车险奖惩系统的研究问题逐渐成为非寿险精算领域的重要研究课题。20 世纪 60 年代，大部分欧洲国家都引入奖惩系统，这些奖惩系统明显比之前的要复杂得多，显著变化是出现了惩罚区。迄今为止，已经有很多学者采用一些数理或经济的评估工具对现实中应用的奖惩系统作出评价，提出改进建议。关于奖惩系统的研究主要有两种不同的方向：一种是在给定各级保费和转移规则的情况下，应用马尔科夫转移矩阵研究奖惩系数的计算，如文献 [58] – [59]；另一种是基于保单多年期的赔付数据，运用完全贝叶斯方法计算奖惩系数，如文献 [60] – [61]。然而，以上文章都是事先给定各等级的无赔款优待系数，且没有考虑交通违法系数对车险厘定的影响。近年来随着我国车险市场的逐渐成熟，监管制度的不断完善，车险改革如火如荼地展开了。2015 年，保监会宣布了第一次正式商车费改方案，仅经过短短两年，保监会于 2017 年再次进行了第二次商车费改。二次费改扩大了保险公司的独立定价权，使保险公司有更多空间实现精准定价，促进了保险业的健康可持续发展。二次费改后，交通违法系数成为决定车险费率的重要因素。然而，由于费改推行不久，还没有多少文章理论地研究交通违法系数如何确定的问题。鉴于此，本章从理论上着手，解决各级无赔款优待系数和交通违法系数如何确定的问题。总而言之，本章从以下三个方面对前人的工作进行了创新：

1. 理论上给出了车险的无赔款优待系数的算法；

2. 将交通违法系数考虑到车险定价的过程中去，完善了车险奖惩系统；

3. 通过分析不同假设前提下的无赔款优待系数，给出关于商业车险奖惩系统改进的相关建议。

本章结构如下：第二节给出了车险奖惩系统的具体模型和一般研究方法；第三节给出在索赔次数服从泊松分布时具体的各级无赔款优待系数求解的过程并通过分析不同假设前提下的无赔款优待系数，给出关于商业车险奖惩系统改进的相关建议；第四节给出本章研究的不足和今后可以继续深入研究的问题。

第二节　模型的建立

商车费改之后，我国采用如下方式计算车险费率：商业车险保费 = 基准保费 × 费率调整系数，其中费率调整系数由无赔款优待系数、交通违法系数、自主核保系数和自主渠道系数四个相乘而得（后两个系数在我国车险保费厘定系统中一般不作考虑）。二次费改更是明确了交通违法系数的具体使用原则，将各项交通违法行为与系数相挂钩，使保费定价更加量化。表 5.1 是北京市商业车险交通违法系数浮动方案：

表 5.1　　　　　　　　　　**交通违法系数浮动比率**

序号	违法类型简称	上年度违法次数	浮动比例
1	A 类（违反交通信号灯等）	1 次	0
		2 次	0
		3 次	0.05
		4 次	0.10
		5 次及以上	0.15
2	B1 类（超速 10% 以上但未达到 50%）	1 次	0
		2 次	0
		3 次	0.05
		4 次	0.10
		5 次及以上	0.15
3	B2 类（超速 50% 等）	1 次及以上	0.15

如表 5.1 所示，交通违法系数的浮动比例在决定车险费率时起到了关键的作用。本章接下来给出一种计算各级别无赔款优待系数的方法，并利用同样的方法给出各级别交通违法系数。由于在不同的分布假设条件下都能应用此方法，因此，这种方法具有普适性。根据车主一年内的索赔次数状况，可以将车险投保人分为 m 类，则相应的无赔款优待系数也有 m 个等级，记为 $\{b_i\}, i = 1, 2, \cdots, m$。参考文献 [62] 可知，若知道索赔次数的分布情况，经过若干年以后，某类人属于各个保费等级的概率将趋于稳定。记第 j 类人属于第 i 个等级的概率为 Q_{ji}，则有

$$\sum_{i=1}^{m} b_i Q_{ji} = E[N_j], \ (j = 1, 2, 3, \cdots, m) \tag{5.1}$$

其中，N_j 为第 j 类人的索赔次数。通过解式（5.1），可得各级别无赔款优待系数。由以上解题思路可知，无赔款优待系数和车主的索赔次数相对应。因此，为避免累计索赔次数对车险费率厘定的影响，交通违法系数不应再反映索赔次数，而只应反映索赔额大小，即本章假设交通违法系数和索赔大小相对应。根据车主一年内的交通违法行为状况，可以将车险投保人分为 n 类，则相应的交通违法行为也有 n 个等级，将每个等级的交通违法系数记为 $\{a_i\}, i = 1, 2, \cdots, n$。由于交通违法行为越严重，事故发生时车主需要负的责任比例越高，事故也越严重，因此索赔额越大。不妨设第 k 个等级的人剔除基准保费的影响后每次索赔的期望赔款额 μ_k 为 $\mu_k = lk$（l 是大于 0 的常数）。由表 5.1 可知，在给定某类人发生交通事故的概率后，此类人属于各个保费等级的概率便能计算出来。记第 j 类人属于第 i 个等级的概率为 P_{ji}，则有

$$\sum_{i=1}^{n} a_i P_{ji} = li P_{ji}, \ (j = 1, 2, 3, \cdots, n) \tag{5.2}$$

解方程可得，$a_i = li$。由此也可知，当知道第 k 个等级的人剔除基准保费的影响后每次的期望赔款额 μ_k 后，很容易得到第 k 个等级的交通违法系数 $a_k = \mu_k$。

注 5.1　虽然索赔次数对应于无赔款优待系数，索赔额对应于交通违法系数，但是这两组数之间不一定严格遵循［式（5.1）和式（5.2）］。实际情况中的无赔款优待系数应是式（5.1）的解的一个比例，相应的交通违法系数应是式（5.2）的解的比例。明显地，不论 c 取何值，浮动比例不变。方便起见，本章假设 $c = 1$。以上给出了解题框架。不难发现，由于交通违法系数等级的确定原则没涉及往年的交通违法数据，因此，解题过程比较简单。而无赔款优待系数等级的确定原则考虑了往年数据，因此要涉及概率转移矩阵、稳态分布等概念，解题过程会稍显复杂，解也有可能不尽如人意，需要调整。接下来的第三节，我们将给出当索赔次数为泊松分布时解各等级无赔款优待系数的具体过程并分析结果。

第三节　索赔次数为泊松分布时的各级别概率转移矩阵及各级别无赔款优待系数

假设奖惩系统按索赔次数分布的不同将投保人分为四类，第 j 类人一年内的索赔次数服从参数为 λ_j 的泊松分布，其中 $\lambda_1 = 0.1$，$\lambda_2 = 0.095$，$\lambda_3 = 0.09$，$\lambda_4 = 0.085$。假设等级划分规则如表 5.2 所示。

表 5.2 奖惩系统等级划分规则

索赔次数	级别变化
连续两年不发生事故	降低一个级别
0 次	级别不变
1 次及以上	提高一个级别

则第 j 类人的各级别转移概率矩阵 A_j 为

$$A_j = \begin{pmatrix} q_{j0} & 1-q_{j0} & 0 & 0 \\ q_{j0}^2 & q_{j0}(1-q_{j0}) & 1-q_{j0} & 0 \\ 0 & q_{j0}^2 & q_{j0}(1-q_{j0}) & 1-q_{j0} \\ 0 & 0 & q_{j0}^2 & 1-q_{j0}^2 \end{pmatrix}$$

由转移概率矩阵可知稳态分布 Q_j 满足：

$$Q_j = A_j Q_j \tag{5.3}$$

解得

$$Q_1 = (0.8827043, 0.10259834, 0.011925194, 0.0013860873)$$

$$Q_2 = (0.8894951, 0.09748043, 0.010682953, 0.0011707527)$$

$$Q_3 = (0.8961785, 0.09234499, 0.009515512, 0.0009805077)$$

$$Q_4 = (0.9027559, 0.08719519, 0.008421990, 0.0008134614)$$

则 $Q = (Q_1, Q_2, Q_3, Q_4)$。由以上结果可知，随着 λ 增大，Q_1 减小，Q_4，Q_3，Q_2 增大，且增大的速度随着级别的升高越来越快。这说明，当期望索赔次数增加时，投保人处于第二、三、四级别的概率增加，且随着级别的升高，概率增加的速度越来越快。投保人处于第一级别的概率减小。将稳态分布代入式（5.1），可算得结果：

$$b = (0.0001638603, 0.9931459354, -0.3852698350, 1.8430654475)$$

我们发现，此时的无赔款优待系数存在负数，且不是随着级别的升高递增，这种解显然不能作为无赔款优待系数。事实上，不存在既遵循车险定价规则又完全满足式（5.1）的解。因此，我们退而求其次，寻找使式（5.1）的左边和右边相差最小的遵循车险定价规则的解。首先，我们假设各级别无赔款优待系数是等差数列的形式，即

$$b = (b_1, \ b_1 + b_2^2, \ b_1 + 2b_2^2, \ b_1 + 3b_2^2)$$

我们的目标是使式（5.1）左右相差最小，实际上就是使目标函数

$$\sum_{i=1}^{4} [Q_{i1}b_1 + Q_{i2}(b_1 + b_2^2) + Q_{i3}(b_1 + 2b_2^2) + Q_{i4}(b_1 + 3b_2^2) - \lambda_i]^2$$

最小。将目标函数求导，可得最优解满足：

$$\sum_{i=1}^{4} [Q_{i1}b_1 + Q_{i2}(b_1 + b_2^2) + Q_{i3}(b_1 + 2b_2^2) + Q_{i4}(b_1 + 3b_2^2) - \lambda_i] = 0$$

$$b_2 \sum_{i=1}^{4} [Q_{i1}b_1 + Q_{i2}(b_1 + b_2^2) + Q_{i3}(b_1 + 2b_2^2) + Q_{i4}(b_1 + 3b_2^2) - \lambda_i](Q_{i2} + 2Q_{i3} + 3Q_{i4}) = 0$$

接着，我们利用 R 语言中的牛顿求根法求得结果：

$$(b_1, b_2) = (0.0849999892, \ 0.0003024175)$$

这个结果的前提条件是假设各级别无赔款优待系数是等差数列。然而事实上，这种关系不是车险定价必须遵循的（车险费改后，各级别无赔款优待系数间不是等间隔的），因此，进一步地，假设无赔款优待系数为

$$b = (b_1^2, \ b_1^2 + b_2^2, \ b_1^2 + b_2^2 + b_3^2, \ b_1^2 + b_2^2 + b_3^2 + b_4^2)$$

此时，目标为最小化

$$\sum_{i=1}^{4} [Q_{i1}b_1^2 + Q_{i2}(b_1^2 + b_2^2) + Q_{i3}(b_1^2 + b_2^2 + b_3^2) + Q_{i4}(b_1^2 + b_2^2 + b_3^2 + b_4^2) - \lambda_i]^2$$

记 $f_i = Q_{i1}b_1^2 + Q_{i2}(b_1^2 + b_2^2) + Q_{i3}(b_1^2 + b_2^2 + b_3^2) + Q_{i4}(b_1^2 + b_2^2 + b_3^2 + b_4^2) - \lambda_i$，同样地，令目标函数的一阶导数等于 0 可得

$$\sum_{i=1}^{4} f_i = 0, \ \sum_{i=1}^{4} f_i(Q_{i2} + Q_{i3} + Q_{i4}) = 0, \ \sum_{i=1}^{4} f_i(Q_{i3} + Q_{i4}) = 0, \ \sum_{i=1}^{4} f_i Q_{i4} = 0$$

再次利用 R 语言中的牛顿求根法求得结果：

$$(b_1, b_2, b_3, b_4) = (0.10000000, 0.10000052, 0.10000001, 0.09999954)$$

由于后者是在范围更广的无赔款优待系数中选择最优的，因此，这组无赔款优待系数更优。不难看出，第一组的无赔款优待系数之间区分度不大且无赔款优待系数和实际的期望索赔次数差距很大，因此第二组的无赔款优待系数更加合理。接下来，我们考虑本节等级划分原则的合理性。假定奖罚系统不变，市场中存在四类投保人，第 j 类人一年内的索赔次数服从参数为 λ_j 的泊松分布，其中 $\lambda_1 = 0.1$。同样的解题过程可得

$$(b_1, b_2, b_3, b_4) = (0.1000001, 0.1001499, 0.1001499, 0.1001499)$$

显然，虽然此时的投保人之间有很明显的差距，但是此时的各等级无赔款优待系数和投保人差距比较小（第一个例子）时的情况差不多，奖惩系统并没有很好地区分开好的投保人和坏的投保人。这说明这个奖惩系统等级划分原则力度不够，赏罚不够分明，应予以改进。

第四节 问题延拓

虽然本章对二次费改下的车险定价问题进行了一定的研究，也在一定程度上得到了有用的结论，但仍有一些问题值得我们继续研究：第一，本章假设交通违法等级和索赔额成线性关系，但事实并不一定如此。由于二次费改推行不久，相关数据不足，因此模型假设必定有一些不足。但随着时间的推移，新的数据源源不断地得以补充和更新，我们就可以利用新数据检验哪种模型更能有效地反映实际情况，从而得出更加准确和全面的结果。第二，本章在模型拟合的过程中只选择了泊松分布和负二项分布，其实可以在模型的选取上做更多的尝试，如伽马分布、帕斯卡分布等在精算领域中所使用的高级分布。第三，本章的等级确定原则是比较简单的，没有考虑到重复惩罚问题，可以将这个问题考虑进来，使等级确定原则更加合理。第四，本章没考虑投保人由于怕被惩罚而不索赔的情况。如果将这种情况考虑进来，我们会得到一个博弈问题。如何确定各等级无赔款优待系数成为投保人是否小心谨慎、是否在出险时不提出索赔的关键。这个问题的深入研究将促进保险业的健康发展。

参 考 文 献

[1] Bellman, R. (1957). Dynamic programming, Princeton University.

[2] Bai, L. and Guo, J. (2008). Optimal proportional reinsurance and investment with multiple risky assets and no – shorting constraint. Insurance: Mathematics and Economics, 42: 968 – 975.

[3] Yong, J. and Zhou, X. Y. (2000). Stochastic controls, Hamiltonian systems and HJB equations, Springer New York.

[4] EI Karoui, N. and Mazliak, L. (1997). Backward stochastic differential equations. Pitman Research Notes in Mathematics Series.

[5] Ma, J. and Yong, J. (2000) Forward – Backward stochastic differential equations and their applications. Lecture Notes in Mathematics, 1702.

[6] Cox, J. and Huang, C. (1989). Optimal consumption and portfolio policies when asset prices follow a diffusion process. Journal of Economic Theory, 49: 33 – 83.

[7] Pliska, S. (1986) A stocastic calculus model of continuous trading: optimal portfolios. Mathematical Methods of Operations Research, 11: 371 – 382.

[8] He, H. and Pearson, N. (1991). Consumption and portfolio policies with incomplete markets and short sale constraints. Journal of Economic Theory, 54: 259 – 305.

[9] Last, G. and Penrose, M. (2011). Martingale representation for Poisson processes with applications to minimal variance hedging. Stochastic Processes and their Applications, 121 (7): 1588 – 1606.

[10] Ales, C., and Jan, K. (2007). On the structure of general mean – variance hedging strategies. Annals of Probability, 35: 1479 – 1531.

［11］Schweizer, M. （1996）. Approximation pricing and the variance – optimal martingale measure. Annals of Probability, 24: 206 – 236. 81

［12］Frittelli, M. , Biagini, S. and Scandolo, G. （2009）. Duarity in mathematical finance, Springer New York.

［13］Diamond, P. , Mirrlees, J. （1975）. On the assignment of liability: the uniform case. Bell Journal of Economics and Management Science, 6 （2）: 487 – 516.

［14］Mirrlees, J. （1976）. The optimal structure of incentives and authority within an organization. Bell Journal of Economics and Management Science, 7 （1）: 105 – 131.

［15］Holmstrom, B. （1979） Moral hazard and observability. Bell Journal of Economics and Management Science, 10: 74 – 91.

［16］Bolton, P. , Dewatripont, M. （2005）. Contract Theory, MIT Press, Cambridge.

［17］Fudenberg, D. , Holmstrom, B. , Milgrom, P. （1987）. Short – term contracts and long – term agency relationships. Journal of Economic Theory, 51 （1）: 1 – 31.

［18］Demarzo, P. , Sannikov, Y. （2006）. Optimal security design and dynamic capital structure in a continuous – time agency model. Journal of Finance, 61 （6）: 2681 – 2724.

［19］Chan, J. , Zhang, W. （2016）. Approximate efficiency in repeated games with sidepayments and correlated signals. Theoretical Economics, 11 （1）: 53 – 87.

［20］Grenadier, S. , Wang, N. （2005）. Investment timing, agency, and information. Journal of Financial Economics, 75: 493 – 533.

［21］Cvitanić, J. , Possamaï, D. , Touzi, N. （2015）. Dynamic programming approach to principal – agent problems. Finance and Stochastics, 11: 1 – 37.

［22］Nishihara, M. , Shibata, T. （2008）. The agency problem between the owner and the manager in real investment: The bonus – audit relationship. Operations

Research Letters, 36 (3): 291 –296.

[23] Childs, P. , Mauer, D. , Ott, S. (2005) . Interactions of corporate financing and investment decisions: the effects of agency conflicts. Journal of Financial Economics, 76 (3): 667 –690.

[24] Browne, S. (1995) . Optimal investment policies for a firm with a random risk process: exponential utility and minimizing the probability of ruin. Mathematics of operations research, 20 (4): 937 –958.

[25] Yuen, K C, Wang, G, Wu, R. (2006) . On the renewal risk model with stochastic interest. Stochastic Processes and their Applications, 116 (10): 1496 –1510.

[26] Yi, B, Li, Z, Viens, F G, Zeng, Y. (2013) . Robust optimal control for an insurer with reinsurance and investment under Heston' s stochastic volatility model. In –surance: Mathematics and Economics, 53 (3): 601 –614.

[27] Yi, B, Viens, F, Li, Z, Zeng, Y. (2015) . Robust optimal strategies for an insurer with reinsurance and investment under benchmark and mean –variance criteria. Scandinavian Actuarial Journal, 8: 725 –751.

[28] Zeng, Y, Li, D, Gu, A. (2016) . Robust equilibrium reinsurance –investment strategy for a mean –variance insurer in a model with jumps. Insurance: Mathematics and Economics, 66: 138 –152.

[29] Bo, L, Wang, Y, Yang, X. (2010) . An optimal portfolio problem in a defaultable market. Advances in Applied Probability, 42 (3): 689 –705.

[30] Merton, R. (1973) . Theory of rational option pricing. Bell Journal of Economics and Management Science, 4: 141 –183.

[31] Black, F, Scholes, M. (1973) . The pricing of options and corporate liabilities. The Journal of Political Economy, 81: 637 –659.

[32] Duanmu, Z. (2004) . Rational pricing of options on realized volatility—The black scholes way. working paper, Merrill Lynch.

[33] Fima, K. (2002) . Option price when the stock is a semimartingale. Electronic Communications in Probability, 7: 79 –83.

［34］ Shen Y, Fan K, Siu T. K. （2013）. Option Valuation Under a Double Regime – Switching Model. The Journal of Futures Markets, 34 （5）: 451 – 478.

［35］ Bo, Li, Wang, Y. J, Yang, X. W. （2010）. Markov – modulated jump – diffusions for currency option pricing. Insurance: Mathematics and Economics, 46, 461 – 469.

［36］ Bernardo, A. E, Cai, H, Luo, J. （2001）. Capital Budgeting and Compensation with Asymmetric Information and Moral Hazard. Journal of Financial Economics, 61: 311 – 344.

［37］ Grenadier S. R, Wang N. （2005）. Investment timing, agency, and information. Journal of Financial Economics, 75 （3）: 493 – 533.

［38］ Martin K P, Robert H. （1985）. Oligopoly and the incentive for horizontal Merger. American Economic Association, 75 （1）: 219 – 227.

［39］ Scott C L, Jeannette A S. （2001）. Are cash acquisitions associated with better postcombination operating performance that stocks acquisitions？ Journal of Banking and Finance, 25: 1113 – 1138.

［40］ Gerber H U, Shiu E S W. （2006）. On the merger of two companies. North American Actuarial Journal, 10 （3）: 60 – 67.

［41］ 李亚男, 郭军义. （2018）. 投资和再保险策略下保险公司的最优合并时刻问题. 数学学报, 61 （6）: 981 – 990.

［42］ 李亚男. 随机最优控制理论下的保险公司最优化问题研究, 中国金融出版社, 2017.

［43］ Fleming, W, Soner, H. Controlled Markov Processes and Viscosity Solutions. Springer – Verlag, NY, 1993.

［44］ Zhiguo He, WeiXiong. （2013）. Delegated assetmanagement, investmentmandates, and capital immobility, Journal of Financial Economics, 107: 239 – 258.

［45］ Paul, A. , Robert, F. B. & David, W. M. J. （1983）. The gains to bidding firms from merger. Journal of Financial Economics, 11, 121 – 139.

［46］ Moeller, S. B. , Schlingemann, F. P. & Stulz, R. M. （2005）. Wealth

destruction on a massive scale? A study of acquiring – firm returns in the recent merger wave. Journal of Finance, 60 (2), 757 – 782.

［47］ Asquith, P. （2006）. Merger bids, uncertainty, and stockholder returns. Journal of Financial Economics, 11 (1), 51 – 83.

［48］ Houston, J. F., James, C. M. & Ryngaert, M. D. （2001）. Where do merger gains come from? Bank mergers from the perspective of insiders and outsiders. Journal of Financial Economics, 60 (2 – 3), 285 – 331.

［49］ Li, Y., Bai, L. & Guo, J. The optimal time of merger for two insurance companies. China science, submitted.

［50］ Jacka, S. D. （1991）. Optimal stopping and the American put. Mathematical Finance, 1 (2), 1 – 14.

［51］ Okawa, M. and Tsujimura, M. （2009）. The value of a merger and its optimal timing, Applied Financial Economics, 19: 1477 – 1485.

［52］ Décamps, J. P. and Villeneuve, S. （2007）. Optimal dividend policy and growth option, Finance Stochastic, 11: 3 – 27.

［53］ Schmidli, H. （2001）. Optimal proportional reinsurance policies in a dynamic setting, Scandinavian Actuarial Journal, 1: 55 – 68.

［54］ He, L. and Liang, Z. X. （2008）. Optimal financing and dividend control of the insurance company with proportional reinsurance policy, Insurance: Mathematics and Economics, 42: 976 – 983.

［55］ Bai, L. H., Guo, J. Y. and Zhang, H. Y. （2010）. Optimal excess – of – loss reinsurance and dividend payments with both transaction costs and taxes, Quantitative Finance, 10: 1163 – 1172.

［56］ Choulli, T., Taksar, M. and Zhou, X. Y. （2001）. Excess – of – loss reinsurance for a company with debt liability and constraints on risk reduction, Quantitative Finance, 1: 573 – 596.

［57］ Bai L H, Cai J, Zhou M. （2013）. Optimal reinsurance policies for an insurer with a bivariate reserve risk process in a dynamic setting. Insurance: Mathematics and Economics, 53: 664 – 670.

［58］ Tan C I. Optimal design of a bonus － malus system： Linear relativities revisited. Annals of Actuarial Science，2016，10（1）：52 －64.

［59］ Tan C I. Varying transition rules in bonus － malus systems： From rules specification to determination of optimal relativities. Insurance： Mathematics and Economics，2016，68：134 －140.

［60］ Jewell W S. Credibility means are exact Bayesian for exponential families ［J］. Astin Bulletin，1974，8（1）：77 －90.

［61］ Segovia － Vargas M J，Camacho － Miñano M M，Pascual － Ezama D. Risk factor selection in automobile insurance policies： a way to improve the bottom line of insurance companies. Revista brasileira de gestao de negacios，2015，17（57）：1228 － 1245.

［62］ 李政宵，孟生旺. 我国商业车险奖惩系统的构建与评价 ［J］. 系统 工程理论与实践，2018，38（4）：938 －949.